D0591484

Joubine Eslahpazir

Les Religions

FIRST
Editions

*Mes remerciements à
Feridoun Asgari-Nassab et Jean-Paul Moss
pour leur relecture attentive des textes
et leurs conseils.*

ISBN : 978-2-7540-0973-7
Dépôt légal : 3e trimestre 2008
Imprimé en Italie
Conception couverture : Bleu T
Correction : Jacqueline Rouzet

Édition : Véronique Marta

Conception graphique : Georges Brevière

Nous nous efforçons de publier des ouvrages qui correspondent à vos attentes et votre satisfaction est pour nous une priorité.
Alors, n'hésitez pas à nous faire part de vos commentaires à :

Éditions First
60, rue Mazarine, 75006 Paris
Tél : 01 45 49 60 00
Fax : 01 45 49 60 01
e-mail : firstinfo@efirst.com

En avant-première, nos prochaines parutions, des résumés de tous les ouvrages du catalogue. Dialoguez en toute liberté avec nos auteurs et nos éditeurs. Tout cela et bien plus sur Internet à www.efirst.com

Sommaire

Introduction

« Qu'est-ce que la religion » ? Voici une question apparemment banale : tout le monde semble en connaître la réponse ou tout au moins avoir des éléments de réponse assez solides pour ne pas sentir le besoin d'aller plus en avant dans ses recherches.

Bien des chercheurs et des spécialistes en la matière ont fourni des définitions de la religion sans qu'aucune ne puisse nous satisfaire pleinement. Des auteurs tels que Marc Taylor considèrent la religion comme un ensemble de symboles, de rites et de dogmes…(Marc Taylor, *After God*, The university of Chicago Press, 2007, p. 12)

Certes, Mircea Eliade a donné une définition originale du terme : « [le] phénomène religieux ne se révélera comme tel qu'à condition d'être appréhendé dans sa propre modalité, c'est-à-dire d'être étudié à l'échelle religieuse. Vouloir cerner le phénomène par la physiologie, la sociologie, l'économie, la linguistique, l'art, etc., c'est le trahir ; c'est laisser échapper justement ce qu'il y a d'unique et d'irréductible en lui… son caractère sacré » (Mircea

Eliade, *L'histoire des religions a-t-elle un sens ?* Éditions du cerf, 1994, p. 10). Bien que nous partagions la vision avant-gardiste d'Eliade, faire du sacré la caractéristique intrinsèque de la religion est cependant réducteur. Il s'agit donc d'aller encore plus loin.

Cependant, il existe étrangement, une autre entité dont la définition nous échappe : il s'agit de l'homme lui-même. Ces deux entités, l'homme et la religion, semblent donc évoluer de façon parallèle dans le monde de l'existence, ce qui nous permet de formuler l'interrogation et l'hypothèse suivante : serait-il possible que ces deux inconnus, ces deux impossibilités, se rencontrent quelque part à l'infini dans une perspective de géométrie non-euclidienne de l'esprit ?

Pour vérifier cette hypothèse, nous allons laisser momentanément notre travail de définition de la religion pour s'atteler à celle de l'homme, en espérant qu'une *impossibilité* ouvre les voies de la *possibilité* à l'autre.

Parmi tant de fonctions qui caractérisent l'être humain, il en existe une seule qui puisse nous satisfaire, celle du *cogito* cartésien : « Je pense donc je suis. ». Voilà une fonction qui, à force d'être *essentielle,* finit par définir *presque pleinement* l'humain. Nous disons *presque pleinement,* car depuis le fameux roman de Vercors, *Les Animaux dénaturés,* la religiosité de l'être humain comme élément de séparation d'avec l'animal s'impose désormais, aussi bien sur le plan scientifique que philosophique.

Nous sommes donc à la croisée des chemins. Nous constatons avec étonnement que l'homme serait non seulement un être *pensant* mais également *croyant.* Une petite dose de *bon sens* peut alors faire le lien : l'être humain serait cet être – le seul sur la planète Terre – à pouvoir *penser et croire* en même temps.

Il est possible alors d'en conclure – dans une ultime quête d'unité de l'être – que ces deux fonctions sont de même nature et remplissent la même fonction. C'est parce que l'homme pense qu'il est justement capable de croire, car l'acte de croire nécessite forcément une faculté d'abstraction des plus élevées, seule possible par celle de la pensée. On peut alors proposer un équivalent du *cogitum* : « Je crois donc je suis [un être humain]. »

Loin de nous l'idée selon laquelle ceux qui pratiquent ou croient en une entité divine sont plus humains que d'autres, car ce qui est en jeu est la potentialité de croire et non pas l'acte de croire en soi C'est parce que l'homme, tout homme, a la possibilité de croire ou de refuser de croire, que cela rend possible son humanité. Si les êtres humains croyaient, automatiquement, ils arrêteraient d'être des humains. Une telle approche peut croiser la réflexion sous forme d'interrogation d'Arnold Toynbee : « Dans les relations mutuelles des espèces non conscientes, ni la collaboration ni la compétition ne sont un acte de choix délibéré ; mais le choix est délibéré chez les êtres humains et il est lié en nous au sens humain de la différence et de l'antithèse entre le vrai et le faux, le bien et le mal. Quelle est la source de ces jugements moraux qui semblent propres à la nature humaine mais qui sont étrangers à la nature des espèces non humaines ? » (Arnold Toynbee, *La Grande Aventure de l'humanité*, p. 12).

Désormais, nous jetons bas, avec pertes et fracas, un anthropomorphisme – très à la mode –, farfelu par essence, contaminant tous les champs du savoir, teinté par le vernis de la pseudo-science et de la pseudo-éthique. Il nous paraît donc essentiel désormais d'affirmer avec force et détermination un certain nombre de principes fondamentaux : l'être humain est le seul être capable de penser, il est le seul être en possession d'une conscience de soi et capable de développer une morale et avoir une religion, autrement dit l'affirmation de la nature *spirituelle* de l'homme : « La religion est, en fait, une caractéristique intrinsèque et distinctive de la nature humaine. » (Arnold Toynbee, *op. cit.,* p. 13). Ainsi donc se retrouvent réunies et liées dans la nature humaine les caractéristiques de la religiosité, la spiritualité, la morale, la conscience et la réflexion.

Une fois cette étape franchie, nous pouvons aller plus loin et, en considérant l'histoire de l'humanité consécutive à celle de la conscience et celle de l'histoire des religions consécutive à celle de la morale, conclure à une impossibilité de lecture de l'histoire sans passer par celle des religions, autrement dit, faire de l'histoire des religions une grille de lecture de l'histoire elle-même.

Il y a un double intérêt de l'étude de la religion. D'une part, en raison du retour du religieux, depuis la fin de la guerre froide et son fameux corollaire de « choc de civilisation » et d'autre part, le caractère désormais transversal des sciences de religion reliant les différents sphères de sciences humaines, d'où l'intérêt de ce « petit » livre, qui n'est ni un livre d'initiation, ni de vulgarisation et encore moins un livre catalogue où sont juxtaposées pêle-mêle, des traditions, les plus répandues de différentes religions. Mais, il s'agit plutôt d'un livre à la recherche du sens des religions et partant de cela de la Religion et de l'Histoire.

De même qu'un amas de briques - sans plan ne peut aboutir de lui-même, à la construction d'un édifice, de même un ensemble d'informations, sans idées directives et fortes, ne peut aboutir à un quelconque concept ou théorie. Ce ne sont pas les idées directives et fortes qui manquent dans ce « petit » ouvrage, et notre hypothèse (et souhait est que ce « petit » livre – compte tenu de ce qu vient d'être mentionné plus haut – puisse servir d'ébauche à une introduction à la philosophie de l'histoire elle-même. Le seul outil que nous avons utilisé pour élaborer nos idées directives est notre simple et commun bon sens autrement dit notre rationalité et la matière dont nous avons disposée est ce que tout un chacun peut disposer dans la plus modeste des bibliothèques.

C'est justement parce que ce livre n'est pas un simple livre d'initiation que les différents chapitres ne sont pas traités de manière classique. Compte tenu de la spécificité de chaque religion, elles n'ont pas été traitées selon le même plan unique, cependant une unité très forte préside à cette apparente diversité, que nous laissons au lecteur le soin de deviner au fur à mesure de sa progression, en attendant la conclusion. Une petite explication est nécessaire concernant la partie eschatologique. Il s'agit en fait d'eschatologie collective qui concerne la fin des temps. En effet, le mot eschatologie dérive du terme grec *eschatos*, qui signifie la fin. Mais cette fin, n'est pas prise au sens littéral du terme et la fin de l'humanité, mais plutôt au sens symbolique, dans le sens d'une fin de l'histoire ou un cycle de l'histoire et qui correspond au commencement d'un nouveau cycle. Il est intéressant de constater que les religions traditionnelles possèdent une eschatologie très développée.

Le connaisseur sera sûrement étonné de constater que ce qu'il tenait pour essentiel dans la religion n'est souvent pas abordé : rites, cérémonies, clergé, etc. Toutes ces informations sont abondamment présentes dans la littérature et, compte tenu de la petite taille du livre, nous avons dû faire des choix et aller très vite – au pas de course – à l'essentiel. Chaque éviction a été une déchirure dans notre cœur : nous aurions pu traiter davantage la vie de Jésus et la persécution des chrétiens des trois premiers siècles, ou développer davantage la profondeur du Coran, ou encore disserter plus longtemps sur l'apport du judaïsme à la civilisation mondiale…, que le lecteur nous pardonne.

Ce livre comporte sept chapitres mais ce sont neuf religions qui sont exposées. La foi abrahamique (par ce terme nous entendons la religion même qui a été fondée par ce prophète et non pas les religions issues de sa lignée) est répartie entre quatre chapitres. En revanche, la foi bábie et la foi bahá'íe ont été regroupées dans un même chapitre compte tenu de leurs relations privilégiées.

Nous avons utilisé des termes tels que pro-phètes, messagers, manifestations de Dieu pour désigner les fondateurs des religions. Ces termes sont donc strictement équivalents dans les diffé-rents textes.

Conscient du fait que le terme « petit » est sou-vent péjoratif, surtout à une époque où la plé-thore d'informations due à la multiplication des technologies a fini par étouffer la connaissance, nous voudrions terminer cette introduction en rapportant le hadith islamique suivant :
« Le savoir n'est qu'un simple point ; les igno-rants l'ont multiplié. »

Nous sommes – tous – à la recherche de ce point.

Le zoroastrisme

Les racines historiques

Zoroastre (forme hellénisée du persan Zara-
thoustra) est le plus obscur des fondateurs des
grandes religions, cependant il a influencé bien
d'autres religions : le judaïsme, le christianisme,
l'islam et le bouddhisme. Sur le plan géographique,
certains pensent qu'il vivait dans la région de
l'Azerbaïdjan, alors que d'autres optent pour le
Kazakhstan et un dernier groupe pour les environs de l'Afghanistan actuel. Sur le plan historique,
il aurait vécu très probablement aux environs du
douzième siècles av. J.-C. Le livre sacré des
zoroastriens est l'Avesta dont la partie connue est
formée par les gatha (versets) qui restituent les
paroles mêmes de Zoroastre.

Zoroastre s'adresse à un peuple de pasteurs
sédentaires dont les chefs, appelés kavi, s'entou-
raient de prêtres et sacrificateurs. Zoroastre serait lui-
même prêtre, issu d'un milieu de chantres-poètes.

D'après la tradition, Zoroastre aurait été chassé
par son peuple, mais il est accueilli par la population d'une autre province dont il finit même par

convertir le roi. Il forme alors des missionnaires pour aller prêcher ses enseignements à travers l'Asie. Cette entreprise missionnaire aurait été l'objet de persécutions, mais loin de diminuer son influence, elle aurait accru la détermination des croyants et servi d'exemple pour les chercheurs de la vérité, qui ont accepté ainsi le nouveau message. Ce qui nous amène aux deux originalités révolutionnaires de Zoroastre.

L'une est d'établir, pour la première fois, un lien entre la persécution du messager divin et de ses partisans et l'expansion de la nouvelle religion. Ainsi, l'exemple de sacrifice personnel comme preuve de la vérité en soi surgira dans les religions ultérieures.

La deuxième originalité concerne la notion d'universalisme. Dans les cultures antérieures, il était normal de considérer que chaque culture ait son propre dieu et sa propre vérité en quelque sorte, d'où l'idée même de vouloir convertir l'autre à sa propre religion paraissait absurde. Il y avait une parfaite confusion entre la religion et la culture. Zoroastre a été le premier à créer le concept selon lequel le monde entier (de son temps) pouvait adhérer à une religion unique. Il a donc non seulement séparé la religion de l'ethnicité mais également de la culture. Nous sommes face à une triple rupture. Ce qui explique la présence des missionnaires tentant de convertir d'autres peuples que des Iraniens à la religion zoroastrienne. On l'oublie facilement, mais le prosélytisme qui a mauvaise presse de nos jours est le premier élément de marque de fabrique d'une religion potentiellement universelle (Richard Foltz, *L'Iran, le creuset des religions*).

Le développement

Pour comprendre le zoroastrisme, il est impératif d'avoir quelques notions de l'histoire de l'Iran préislamique. Quatre grands empires marquent l'histoire du plateau iranien avant la conquête musulmane.

Les Mèdes, un peuple vivant en Iran occidental, sont le premier peuple iranien dont on trouve les traces dans les textes des historiens de cette région.

Mais bientôt, celles d'un autre peuple, vers le VIe siècle av. J.-C., situé plus au sud, dans la région de *Parsa* (ce qui donnera Perse et sera à l'origine de l'erreur de traduction qui désignera désormais l'Iran par le terme de la Perse). Le célèbre Cyrus le Grand arrive à vaincre les Mèdes, et fonde la dynastie des Achéménides (556-330 av. J.-C.). Ultérieurement, il arrive à vaincre Babylonie et Lydie et fonde le premier Empire universel de l'Histoire.

Ce qui laisse perplexes les chercheurs est la religion des Achéménides, car bien que les historiens grecs mentionnent Zoroastre comme la figure principale de la religion iranienne à l'époque des Achéménides, cette information est cependant absente des textes achéménides eux-mêmes.

La conquête d'Alexandre le Grand met fin à la dynastie des Achéménides et après sa mort, le plateau iranien voit la fondation de la dynastie des Séleucides (305-64 av. J.-C.) pendant environ deux siècles. Ces derniers sont chassés du pouvoir par les Parthes (190 av. J.-C.-220), peuple issu du nord-est de l'Iran. Les Parthes maintiennent une tolérance religieuse assez importante.

Environ cinq siècles après la chute des Achéménides, les Perses du sud-ouest de l'Iran arrivent
à nouveau au pouvoir en chassant les Parthes et en
fondant l'Empire sassanide (224-651). Les Sassanides
continuent, au début, la politique de la liberté
religieuse de leurs prédécesseurs parthes, et qui
a été également celle de leurs ancêtres achéménides. Mais à partir de l'empereur Ardachêr Ier, la
persécution des autres religions de l'Empire commence. Très probablement, il aurait été fortement
influencé et encouragé en cela par les prêtres
zoroastriens de la cour royale dont les intérêts
personnels seraient menacés par le développement
d'autres religions telles que le manichéisme, le
christianisme, le judaïsme, le bouddhisme, le
brahmanisme. Le zoroastrisme devient progressivement la religion officielle de l'Empire iranien.

Les dernières années de la dynastie sassanide
ont été marquées par une guerre continue contre
Byzance. Cette guerre a affaibli énormément les
deux États. Lorsqu'en 640, les troupes musulmanes
ont surgi d'Arabie, Byzance a survécu, mais l'Empire
sassanide s'est effondré et ainsi le zoroastrisme a
fini par devenir minoritaire dans son pays d'origine.

La doctrine et la philosophie

Le message de Zoroastre, pour son époque, était complètement révolutionnaire par plusieurs aspects. En premier lieu, il place *Ahura Mazda*, au-dessus de toutes les autres divinités du panthéon iranien, ce qui est la marque d'un véritable monothéisme. *Ahura Mazda* est considéré par Zoroastre comme la force créatrice du monde. Ce qui confère une certaine forme de déterminisme à la création. On peut donc considérer Zoroastre comme l'inventeur du libre arbitre. Il croit à l'existence du Bien (*asa*) et du Mal (*drug*) dans le monde, et l'homme choisirait l'un au détriment de l'autre par la seule force de sa volonté. Ainsi, l'homme prend part au combat cosmique, il n'est pas un simple témoin passif. Le cosmos est le lieu de la bataille entre les forces du Mal et du Bien dont les acteurs sont les êtres humains. Ces deux événements mis côte à côte ont pour conséquence la transformation du temps cyclique en un temps linéaire. La bataille finale qui s'appelle *frasho-kereti* (littéralement, « ce qui rend glorieux ») aboutissant à la victoire définitive du Bien sur le Mal (Richard Foltz, *op. cit.*).

Zoroastre différencie les êtres surnaturels selon leur appartenance à un camp ou un autre. Les entités surnaturelles appelées *daevas* seront désormais les partisans du « Mensonge » et donneront naissance aux *démons* des religions ultérieures, alors que les entités *yazata,* terme qui signifie « les êtres qui méritent d'être adorés », rangés du côté du Bien, donnent naissance aux anges.

La cosmologie iranienne antique semble avoir été dépourvue d'un dieu créateur aux dimensions de Dieu des religions ultérieures. Zoroastre va alors introduire la notion d'un Dieu créateur de l'univers, il s'agit d'*Ahura Mazda* qui signifie littéralement le « Seigneur sage ». À partir de ce moment, il se crée une hiérarchie très stricte dans laquelle toutes les entités bonnes lui sont inférieures et sous sa domination. D'après les gatha, Ahura Mazda serait le père de ces esprits bienfaisants qui sont *Vohu Manah* (Bonne pensée) *Spenta Mainyu* (L'Esprit saint), *Asa* (Justesse), et *Armaiti* (Application).

Cette paternité – symbolique – est révélatrice de deux points importants du point de vue théologique. Le premier est de montrer la suprématie d'*Ahura Mazda* sur *Spenta Mainyu* (L'Esprit saint). Le zoroastrisme évite ainsi de s'engager dans une voie proche de la Trinité chrétienne où Dieu le Père et le Saint-Esprit seraient sur le même pied d'égalité. Le second point est le fait de mettre la Bonne pensée (*Vohu Manah*) et l'Application (*Armaiti*) au même niveau. Désormais, la bonne pensée, que l'on peut identifier à la foi en Dieu – entre autres – ne suffit pas, à elle seule, pour assurer son *salut,* mais doit être accompagnée de l'Application, autrement dit la bonne action. Zoroastre introduit ainsi une *éthique d'action.*

Mais comme nous le verrons dans les deux dernières parties de ce chapitre, les entités du Mal sont également subordonnées à *Ahura Mazda,* qui est le créateur universel.

La pratique zoroastrienne

On admet généralement qu'il avait proscrit les sacrifices sanglants des animaux et l'usage du haoma (une boisson hallucinogène faite à partir d'une plante portant le même nom, préparée à l'occasion des sacrifices rituels ayant pour but de chasser les esprits malfaisants).

La pratique essentielle du zoroastrisme consistait à réciter des prières journalières. Chaque prière se déroulait en présence du feu. Il pouvait s'agir du feu sacré ou même du soleil. Pour les zoroastriens, il fallait entretenir le feu sacré en permanence. C'est cette pratique qui a induit en erreur les peuples étrangers qui considéraient les zoroastriens comme des « adorateurs du feu ».

Les zoroastriens se donnent pour tâche de veiller à la pureté de l'ensemble de la création et de lui montrer sa reconnaissance. Au début de toute liturgie, le croyant devait déclarer pratiquer « la bonne pensée, la bonne parole et le bon agir », qui constitue le fondement même de l'éthique zoroastrienne.

La fête la plus importante du calendrier zoroastrien était l'équinoxe du printemps, qui marquait le nouvel an. Cette célébration s'appelle en persan *Nô ruz* (« jour nouveau »). Elle est encore aujourd'hui la fête nationale des Iraniens de toutes confessions, ainsi que des peuples voisins. Telle que mentionné, sa symbolique ne se limite pas à la simple régénération de la vie à chaque printemps : elle présage aussi le futur renouvellement glorieux du *frasho-kereti* quand le Mal sera vaincu à jamais

L'eschatologie

Pour comprendre pleinement l'eschatologie collective du zoroastrisme, il importe d'aborder l'eschatologie individuelle en premier lieu. Zoroastre pourrait être considéré comme inventeur d'eschatologie tant dans sa version individuelle que collective.

En ce qui concerne l'eschatologie individuelle, ce dernier introduit la notion d'existence de l'enfer et du paradis. Le concept selon lequel le destin final des individus dans l'autre monde est la conséquence directe des choix effectués pendant leur vie terrestre était complètement nouveau. Il est vrai que dans d'autres civilisations, la notion de la mesure des bonnes et mauvaises actions existaient, mais c'est la première fois qu'il s'établit une nette distinction entre les partisans du Mal envoyés dans un enfer perpétuel et ceux du Bien dirigés vers un paradis éternel.

En ce qui concerne l'eschatologie collective, d'après les textes sacrés zoroastriens, à la fin des temps, un sauveur universel appelé *Saoshyant* viendrait bannir le Mal à jamais. Ce *Saoshyant* serait un descendant des rois d'Iran, c'est-à-dire les Sassanides : « Lorsque la Perse et les autres pays seront pris par les Arabes, je choisirai quelqu'un de la descendance des rois de Perse, pour qu'il puisse appeler les peuples du monde de l'Est et de l'Ouest à adorer un seul Dieu […] Dieu vous donnera (en Perse) une bonne fin […] S'il ne reste qu'une seule minute dans le monde entier, je vous enverrai quelqu'un de cette nation (la Perse) qui renouvellera la religion » (Religious debates, Nategh). Très probablement, *Saoshyant* correspondrait à *Shah Bahram* en persan moderne.

En ce qui concerne la résurrection des morts, il est vrai que dans les enseignements du zoroastrisme, il existe des allusions au jour de jugement dernier et à la bataille finale contre le Mal et la résurrection des justes. Cependant, deux éléments nous font pencher vers l'hypothèse selon laquelle cette résurrection serait d'ordre spirituel et non pas matériel. Le premier concerne l'avènement du *Saoshyant* qui ne se fait pas de manière surnaturelle. Il ne vient pas sur des « nuées » ou d'un « lieu inconnu », mais naît tout simplement d'une femme. Ce qui est en faveur du refus de la croyance du zoroastrisme en une résurrection corporelle, car on ne comprend pas pourquoi Dieu aurait accordé au commun des mortels ce qu'il aurait refusé à son propre messager.

Le second élément en faveur d'une telle hypothèse est le traitement même que les zoroastriens font subir aux morts. En effet, si les zoroastriens étaient pour une certaine résurrection corporelle, ils traiteraient avec un minimum de respect leurs morts, qui doivent renaître dans leurs corps.

Mais ils ne les enterrent même pas, car ils considèrent le mort comme impur risquant de souiller la terre, qui comme le feu est un élément sacré (pour les zoroastriens, les quatre éléments, la terre, le feu, l'air et l'eau, sont sacrés). Pour éviter une telle souillure, ils déposent les corps des morts dans des tours surélevées où les vautours viennent les dévorer.

Dans un tel contexte, il paraît presque impossible que Zoroastre ait décrété une quelconque résurrection des morts. Il semble donc que cette *résurrection* soit de nature symbolique et le vrai sens de la résurrection serait l'acceptation du message du Promis qui viendrait à la fin des temps, à savoir *Saoshyant*.

Zoroastre promet ainsi la venue de ce sauveur universel : « Au dernier tournant des âges, lorsque tout sera consommé, fini, tu viendras, ô Sage, tu viendras avec ta bonté immanente, *Spenta Mainyu* le bienfaisant principe, avec *Xshathra* ta puissance et ton empire, avec *Vohu Mana* la Bonne Pensée, le bon esprit, tu viendras, ô Sage, et *Armaiti* l'amour de la terre proclamera les décrets de ta sagesse infaillible » (Gatha, VIII, 6).

Il existe une confusion quant à l'identité de ce sauveur dont parle Zoroastre. Ce dernier se désigne lui-même comme l'un de ceux qui rénoveront le monde : « Puissions-nous être de ceux qui

rendront splendide ce monde [...]. » Mais paradoxalement, comme on l'a vu plus haut, il parle
également de la venue de *Saoshyant*, ce messager universel, qui serait un autre que lui-même.
Ces deux passages apparemment contradictoires
rappellent étrangement les deux passages du
Nouveau Testament où les apôtres demandent à
Jésus, « si tu es le Messie où est Élie car d'après
les écrits, il doit venir avant le Messie » et ce dernier leur répond : « en effet, il est venu, mais ils
ne l'ont pas reconnu » et les apôtres comprennent
qu'il fait allusion à Jean-Baptiste. Or, Jean-Baptiste
lui-même avait refusé catégoriquement de s'identifier à Élie (Matthieu, XI, 14-15). Ainsi, on peut
penser que Zoroastre faisait allusion au retour
d'un prophète qui, bien que différent de lui sur
le plan individuel, lui serait identique par sa
fonction prophétique. Il élaborait ainsi – comme
tous les autres prophètes – l'unicité des prophètes dans leur essence qui n'est autre que leur
fonction et non pas leur individualité respective.

Les préjugés contre le zoroastrisme

Il y a une pensée tenace qui associe souvent le zoroastrisme au dualisme, au risque de confondre cette religion avec le manichéisme, et le fait que les deux personnages, Zoroastre et Mani, ont vécu dans le même pays favorise encore plus cette confusion. Nous allons essayer d'éclaircir ce point.

Quand nous abordons la notion de dualisme, deux problèmes surgissent. Le premier est de savoir s'il existe un créateur *unique* de l'univers. Zoroastre de manière claire et sans équivoque répond à cette interrogation. *Ahura Mazda* est le créateur universel, il formule cette affirmation sous la forme d'une interrogation dont la réponse ne fait pas de doute : « Voici ce que je te demande, Seigneur, réponds-moi bien : quel artisan créa la lumière et les ténèbres ? »

Mais la résolution de ce problème en engendre un second, à savoir : si c'est bien *Ahura Mazda* qui a créé l'univers, il a donc créé le principe du Mal, il porte donc le dualisme en lui. Un problème qui n'a jamais trouvé de réponse claire dans les religions ultérieures au zoroastrisme : si Dieu est bon et s'il est créateur de tout ce qui existe, il est donc le créateur du mal également. Pour résoudre ce problème, Zoroastre semble accorder une forme de *non-existence* au mal : « Lorsque les deux esprits se rencontrèrent, ils établirent à l'origine la vie et la non-vie [...]. »

Ici, par « deux esprits », il entend, *Spenta Mainyu* (l'Esprit saint) et *Angra Mainyu* (l'Esprit destructeur), plus communément appelé *Ahriman*. Cela semblerait impliquer que l'Esprit saint soit le créateur de la vie et l'Esprit destructeur celui de la *non-vie*. Ainsi, le Mal serait une forme de non-existence, absence du Bien en quelque sorte. Le Mal existe, de manière effective dans le monde, mais il n'aurait pas d'origine, de même que l'obscurité existe effectivement, mais il n'existe pas de source qui diffuse de l'obscurité, elle n'est que l'absence de lumière. Cela constitue une révolution du point de vue théologique mais également philosophique.

L'hindouisme

Les racines historiques

L'hindouisme, la religion de plus de 900 millions d'adeptes, est la troisième religion du monde en nombre et l'une des religions les plus anciennes de l'humanité.

Aucune religion ne naît dans un vide religieux absolu, chacune naît au sein de la précédente, comme une mère portant son bébé, qui une fois né et le cordon ombilical rompu, est un nouvel individu même s'il porte en lui la religion nourricière. Elle va donc utiliser le matériel laissé par la religion précédente pour faire du neuf. Les exemples sont légion : l'abrahamisme et le judaïsme, le judaïsme et le christianisme, etc.

Il en est de même en ce qui concerne l'hindouisme et le védisme (du mot *Veda*). Notre hypothèse stipule tout simplement que le védisme est la religion mère à partir de laquelle est né l'hindouisme.

Les aryens qui ont envahi le nord-ouest de l'Inde (le Panjab) entre 2 000 et 1 500 ans avant notre ère ont apporté avec eux la religion védique, d'où la présence d'un certain nombre d'éléments communs avec les croyances iraniennes antérieures au zoroastrisme : la croyance en une double hiérarchie divine – les *daivas* et les *asuras* –, le culte du feu, les sacrifices d'animaux et le *soma* (tels que mentionnés équivalent du hoama chez les mazdéens).

La doctrine et les termes spécifiques

La divinité

Les hindous appellent eux-mêmes leur religion *Sanatana Dharma,* « le dharma éternel ». Le mot *dharma* désigne à la fois « la Loi » et « la religion ».

Bien que l'hindouisme soit caractérisé – à l'instar des croyances indo-européennes – par la croyance en trois divinités appelées Trimurti : *Brahma* (le créateur du monde), *Vishnu* (le protecteur) et *Shiva* (le destructeur) sous la domination de Dieu Ishwara. Il existe cependant dans l'hindouisme – et contrairement aux préjugés en vogue – le concept d'un Dieu transcendant appelé *Brahman* (à ne pas confondre avec Brahma).

Brahman est décrit comme la réalité infinie,

omniprésente et transcendante à l'origine de tout ce qui existe : « Le Vrai Dieu ,est Un bien que les sages s'adressent à lui par des noms multiples » (Rig-Veda). Le problème qui se pose alors au chercheur est : si Brahman est le Dieu transcendant, que penser alors de Brahma, de Vishnu et de Shiva ? En fait, la déclinaison et la répartition des attributs divins ne sont pas un phénomène nouveau. L'esprit humain – par essence – ne peut rien comprendre de ce qui est divin, ni ses attributs et encore moins son essence. En effet, si l'esprit humain tel un récipient arrive à comprendre ne serait-ce que l'un des attributs divins, alors cela signifie que l'esprit humain serait capable de comprendre (dans le sens de contenir) l'infini, ce qui est – par nature – impossible pour celui-ci. Le panthéon des divinités indiennes a l'air d'une cascade anthropomorphique des attributs divins en forme de pyramide. En effet, au sommet de la pyramide se trouve Brahmane, sans attribut, ensuite vient Ishwara correspondant en quelque sorte au Yahvé du Judaïsme. Sous ce dernier, trois divinités dont chacune représente l'un des attributs divins : Shiva, Vishu, Brahman. Ce que fait l'hindouisme est en fait, *extérieurement*, ce que tout un croyant de n'importe quelle religion monothéiste fait *intérieurement* au moment de la prière, en faisant appel à l'un des attributs divins : sa justice ou sa miséricorde, son amour, etc.

Les hindous qui, apparemment, avaient saisi très vite cette notion, ont toujours abordé la notion même de *Brahman* dans une approche que nous qualifions de *négative* (en parlant de lui en termes de ce qu'il n'est pas) plutôt que dans une approche *positive* (en parlant de ce qu'il est). Par exemple, nous pouvons dire que Dieu n'est pas injuste, mais nous ne pouvons pas dire qu'il est juste, car en disant cela, nous commettons l'erreur qui consiste à donner l'impression que l'on sait ce qui est la justice divine et ce qui ne l'est pas, ce qui revient *de facto* à une prétention de la connaissance même de l'entité divine et aboutit ainsi à un anthropomorphisme involontaire mais par nature réducteur.

Probablement, la déclinaison des attributs divins (création, protection et destruction) était au départ une tentative de sauvegarder l'entité divine absolue d'une dérive anthropomorphique, mais au fil du temps et avec la perte du but original, cela a abouti – comme c'est souvent le cas – à l'effet inverse. C'est pourquoi parler de *Brahman* ou de l'une des divinités de Trimurti revient en fait au même. Cela a son importance, comme nous le verrons plus loin quand nous aborderons la notion de Manifestation de Dieu.

Plus tard, Bouddha essayera de « rectifier le tir », en étendant l'*approche négative* à l'ensemble des attributs divins – devenus depuis lors des entités divines indépendantes –, mais il sera la cible à son tour d'une incompréhension, jusqu'à certains penseurs (occidentaux) qui prétendent que le bouddhisme est une religion athée !

Nous soutenons donc l'hypothèse selon laquelle l'hindouisme est une religion monothéiste à l'instar des autres grandes religions de l'humanité. De même que la Trinité ne peut être assimilée au polythéisme, de même, l'existence d'une multitude de dieux qui ne sont que les manifestations du même Dieu transcendant ne doit pas nous induire en erreur et nous amener à taxer l'hindouisme de polythéisme. Un prétexte souvent utilisé pour dénigrer cette grande religion.

Les enseignements

L'absence d'affirmation dogmatique de l'hindouisme quant à la nature de Dieu est la principale raison de la tolérance religieuse proverbiale des hindous envers les autres religions et à l'intérieur de leur propre religion entre les différents courants, si nombreux. De ce point de vue, ils sont aux antipodes des religions sémites et notamment du christianisme, comme nous le verrons plus tard. Dans un monde troublé par tant de désaccords, guerres et conflits religieux, le message de l'hindouisme semble d'une étonnante modernité et mérite une attention particulière.

Cela ne signifie nullement que les hindous sont dépourvus de dogme. À titre d'exemple, la transmigration des âmes, qui a toutes les caractéristiques d'un dogme, est plutôt considérée comme un fait d'existence, pas comme un dogme religieux. Cette doctrine est basée sur une loi, appelée karma (« action ») ; il s'agit d'un cercle éternel où toute action est l'effet d'une cause et à son tour la cause d'un effet. Ce processus est désigné par le terme de *samsara,* le « cours » ou « évolution » soumise à son tour au dharma que nous avons évoqué plus haut.

Ce dharma n'a ni commencement ni fin. Il concerne de ce fait à la fois l'âme humaine (microcosme) et l'univers physique lui-même (macrocosme) : « L'univers entier s'identifie à cette essence subtile, qui n'est autre que l'âme ! Et toi aussi, tu es cela, Shvétakétu ! » (Chandogya Upanishad, 6ᵉ chant).

L'âme humaine, comme l'univers en entier, est soumise aux chaînes du Temps et au désir. Le but de l'hindouisme est de permettre à l'être humain d'échapper aux entraves du Temps. Cette évasion ou libération porte le nom de *moksha* ou *mukti*.

Dans l'hindouisme, le Mal n'a pas le même statut que dans les religions sémitiques. Le Mal est surtout de l'ignorance, un manque de savoir, de connaissance, ce qui rend compte de l'importance même de la signification du nom du *Veda* (le savoir, la vérité éternelle). Cette absence de l'origine du Mal, telle que mentionnée, en tant que force existante rapproche énormément l'hindouisme du zoroastrisme . Ce concept est en accord avec l'esprit d'harmonie et de paix qui caractérise cette religion et il a ses adeptes. Cette notion fondamentale, commune à ces deux religions, sera plus tard amplement expliquée dans les écrits de la foi bahá'íe.

Les textes sacrés

Le corpus de littérature de l'hindouisme se divise en deux catégories, qui sont *sruti* et *smrti*. Sruti signifie « entendre » et correspond à la Parole éternelle entendue par les « sages ». Le premier comprend les Veda qui comportent trois parties. La première partie se compose des *Samhitas* (Les Hymnes) dont le *Rig-Veda* est le plus ancien vestige. La seconde partie est constituée par les textes sacrificiels ou les *Brahmanas* et la troisième concerne les « traités des forêts », ou *Aranyakas*. Les *Upanishad* constituent la partie la plus connue des *Aranyakas* et concernent le symbolisme du rituel sacrificiel. La particularité des *Upanishad* consiste en une double quête du « soi » éternel à l'intérieur de l'homme (*atman*) et du fondement de l'Éternel de l'univers (*brahman*), comme on l'a vu plus haut.

C'est à ce moment-là que le système des castes est devenu un trait distinctif de l'hindouisme. En effet, ce point est l'acceptation des Veda en tant que vérité révélée. Ignorer l'un ou l'autre revenait à renier l'hindouisme. C'est pourquoi Bouddha qui niait la pertinence des castes a fini par les rejeter : « On n'est pas un paria selon sa naissance.

On n'est pas un noble selon sa naissance. On est un paria seulement selon ses actes. On est un noble seulement selon ses actes. » Cela nous permet de rebondir sur le sujet le plus important de l'hindouisme. En effet, il existe deux formes de tensions à l'intérieur de l'hindouisme. La première entre *dharma* et *moksha,* autrement dit comment faire pour être délivré de ce monde, tout en continuant à faire ce qui est juste. La deuxième est présente entre les deux formes de dharma : ordre moral absolu et le dharma des castes. Par le passé, le système des castes avait tellement imprégné l'hindouisme, que la « délivrance » avait fini par passer au second plan. Il s'agissait d'une victoire de la contingence de la vie terrestre sur l'essentiel de la spiritualité. Le système des castes n'était pas devenu uniquement un système injuste, mais surtout une loi sociale dont le respect scrupuleux détournait l'âme de son but ultime, la délivrance. Ce phénomène n'est pas inhérent à l'hindouisme, il existe dans chaque religion : chaque fois que la matière prend le pas sur l'esprit, il se produit un double échec, social et spirituel de façon concomitante. À force de vouloir obtenir son propre *salut* au détriment de son prochain, on perd son âme (son propre salut) et le prochain avec. C'est pourquoi la tâche entreprise par le Mahatma Gandhi, la personne la plus noble que l'hindouisme ait produit et offert à l'humanité, dans son ère moderne, en s'attaquant de front à ce problème majeur de l'hindouisme, dépasse de loin un cadre sociopolitique pour atteindre la sphère de l'esprit.

Mais il ne faut pas croire que le problème de la *délivrance* tel que nous venons de le décrire soit un *concept fondateur* de l'hindouisme. C'est un contresens qu'il convient de rectifier, car un tel concept ferait de l'hindouisme une religion égocentrique, ce qui va à l'encontre de tous les principes d'amour de son prochain si présents dans le cœur même de cette religion. Notre hypothèse est que l'hindouisme, à l'instar des autres religions, a pour concept fondateur l'amour de Dieu et celui de son prochain, entremêlés si puissamment qu'il est impossible de les séparer sans ruiner son âme. S'il s'est produit une telle rupture, ce que nous avons dénoncé plus haut par la création des castes, c'est dû à l'éloignement des hommes des enseignements originels de la religion. Pour étayer notre hypothèse, nous allons aborder la seconde catégorie des textes hindous, *Smrti*.

Smrti, qui signifie « la mémoire », est l'ensemble des souvenirs, des traditions transmises de génération en génération. *Smrti* est composé des *Sutras* qui sont des aphorismes au contenu habituellement philosophique, les Livres de Droit, des *Puranas* qui sont des louanges adressées aux grands dieux et en dernier point du *Ramayana* et du *Mahabharata,* qui comprend l'œuvre la plus importante de l'hindouisme, à savoir la *Bhagavad-gita* ou « Chant du Seigneur ». L'intérêt de cette œuvre majeure est double. Dans un premier temps, nous pouvons y déceler de manière la plus explicite possible, l'amour de Dieu pour l'humain et inversement l'amour de ce dernier pour son créateur. En cela elle effectue une rupture révolutionnaire avec tout ce que l'hindouisme avait produit depuis lors.

Il s'agit d'un récit épique de batailles au cours desquelles les héros humains sont confrontés non seulement aux ennemis mais également à leurs propres doutes quant à la justesse de leurs actions, pris entre les deux *dharmas* que nous avons esquissés plus haut.

Ces doutes donnent lieu à des échanges entre les acteurs humains et Krishna, le représentant divin.

Il s'agit d'une œuvre qui rappelle très étrangement l'histoire du peuple d'Israël et son attachement à son Alliance avec son créateur. Une fois de plus on constate l'universalisme des préoccupations métaphysiques des êtres humains derrière le vernis du relativisme facile.

Mais le second aspect de la *Bhagavad-gita* est de mettre en scène l'amour de l'être humain pour son prochain, tout simplement. En effet, le héros, au risque de se faire damner, hésite à engager une bataille inévitablement fatale à d'autres humains. De ce point de vue, la *Bhagavad-gita* est l'une des œuvres les plus humaines et humanistes de l'histoire des religions et la preuve éclatante de la présence originelle de ce double amour indissociable de l'être humain pour son créateur et son semblable dans l'hindouisme.

La Manifestation de Dieu

Toutes les religions révélées ont une Manifestation de Dieu, terme qui peut signifier également prophète ou envoyé de Dieu, comme nous l'avons indiqué dans notre introduction. L'hindouisme – malgré des réticences – ne peut faire exception à cette règle. Il importe d'identifier cette Manifestation divine à travers les multiples figures d'incarnation divine présentes dans cette religion. Pour cela, nous faisons référence à l'un des concepts clés de l'hindouisme, à savoir les *avatars,* qui se trouve dans les *Upanishad.* Les avatars seraient les incarnations (manifestations) du principe divin (*Taittiriya Upanishad,* II, 6), notamment Vishnu dont les avatars sont au nombre de dix et dont Krishna serait le huitième avatar. Krishna y étant seul considéré comme un avatar complet de Vishnu (*Purnavatara*) en tant que principe ultime. La fonction première de l'avatar est cependant chaque fois la même : rétablir le Dharma ou la Loi éternelle en instaurant les principes de connaissance appropriés à l'époque à laquelle il se manifeste.

Krishna serait bien antérieur à Bouddha et il serait le compositeur du *Rig-Veda* (Rig-Veda, VIII, 74) et de la *Bhagavad-gita*. Il est présenté sous la forme d'un guerrier prédicateur en conflit avec les institutions religieuses archaïques, tous ces éléments sont les traits distinctifs des fondateurs des grandes religions. Mais très probablement ces guerres en question sont les symboles de batailles d'ordre spirituel. Nous constatons que l'hindouisme à l'instar des autres grandes religions possède une manifestation divine (messager divin) en la personne de Krishna, venu instaurer une nouvelle religion avec ses propres écrits saints.

Mais il y a un autre désaccord entre les différentes écoles de l'hindouisme : Krishna serait une Manifestation de Dieu ou Dieu en personne. Pour élucider ce point, nous allons emprunter la métaphore du soleil et du miroir à une autre religion. En effet, le soleil se reflète dans toutes les choses, mais cette réflexion est parfaite uniquement dans le miroir où son image et sa chaleur sont identiques à ce que l'œil d'observateur perçoit et sent en regardant directement le soleil dans le ciel. À partir de cela, si l'observateur averti considère que le soleil est dans le miroir, il aura raison car il y retrouve reflétés ses attributs (image, chaleur, lumière), et si le même observateur considère que ceci n'est que l'image du soleil, il aura encore raison car le soleil en soi n'est pas *descendu* dans le miroir, il est resté dans le ciel. Les Manifestations divines reflètent les attributs divins et non pas l'essence divine. Ainsi le désaccord se trouve levé. Cette même approche peut s'appliquer à la notion de Trinité dans le christianisme, comme nous le verrons dans le chapitre qui lui est consacré, où le problème de l'essence divine a été l'objet du premier concile de Nicée.

L'eschatologie

Un autre point vient confirmer que Krishna est bien le fondateur de l'hindouisme. En dehors du fait qu'il est l'avatar (Manifestation) le plus complet de cette religion – comme précédemment mentionné – il est le seul à avoir déclaré de manière claire et sans ambiguïté son retour, ce qui est la base de l'eschatologie et le propre de tous les fondateurs des religions : « Pour la sauvegarde du bien, déclare Krishna dans la Bhagavad-gita, pour la destruction du mal et pour le rétablissement de la loi éternelle, je m'incarne d'âge en âge » (IV, 8).

Les préjugés contre l'hindouisme

Le préjugé majeur contre l'hindouisme consiste à lui refuser la dénomination même de religion. Certains Occidentaux le considèrent comme une simple philosophie. À notre avis, il s'agit d'un préjugé tenace qui n'est autre chose qu'une forme d'ethnocentrisme déguisé.

L'hindouisme partage – comme nous l'avons vu, tout au long de ce chapitre – avec toutes les grandes religions toutes les caractéristiques qui définissent l'essence même de la religion, à savoir : un fondateur, des textes sacrés et une éthique de vie.

Il existe deux raisons majeures à cette confusion. La première est que l'hindouisme est à la fois une religion, un système social et une manière de vivre. La seconde est le rôle important que les textes philosophiques ont joué dans l'histoire de cette religion. Mais les observateurs occidentaux, à force de se focaliser sur cette philosophie centré sur la *délivrance,* en sont venus à oublier ce qui constitue l'essence de toute religion, à savoir l'éthique de tous les jours, qui est présente dans l'hindouisme aussi fortement que dans toutes les autres religions.

Le bouddhisme

Les racines historiques

Les origines du bouddhisme remontent, d'après la tradition, à environ la seconde moitié du VIᵉ siècle avant notre ère. Un homme de la noble lignée de la famille Gautama et du clan des Sakyas est né près de Kapilavastu, au pied de l'Himalaya. Ayant pris conscience du caractère éphémère de l'existence, il aurait quitté son existence aisée et sa famille à la recherche de la vraie délivrance pour échapper au cycle infini des renaissances tel qu'admis dans l'hindouisme. En effet, le concept de la transmigration des âmes fait partie intégrante de la croyance hindoue. La hantise réelle des individus était la renaissance perpétuelle sous différentes formes.

Cet homme sera désormais connu sous le titre de *Sakyamuni* ou « ascète silencieux des Sakyas ». Mais la vie ascétique qu'il mène avec beaucoup de zèle ne lui permet pas d'arriver à une réponse satisfaisante. C'est devant cette impasse, qu'il aurait pris place sous l'arbre sacré Bodhi pour parvenir à découvrir la Vérité. Il aurait été la cible des diverses tentations du démon Mara de lui faire quitter cet endroit, mais il aurait triomphé de ces épreuves grâce au secours divin. Il aurait alors soudainement reçu l'illumination, accompagné en cela par un chœur céleste de la divine musique. Cet épisode n'est pas sans rappeler le séjour dans le désert du Christ et les diverses tentations de Satan avant le début de sa mission.

Il est évident que le récit mythique et légendaire selon lequel le Bouddha aurait renoncé à une vie princière à la suite de sa rencontre, tour à tour, avec un malade, puis un vieillard, et en fin de compte un cadavre, en dehors de la cité parfaite où il avait été élevé par son roi de père, est tout simplement la symbolique de *sa recherche individuelle de la Vérité*. De même que le récit de l'illumination sous un arbre est plutôt la métaphore explicative de la rencontre avec le Saint-Esprit. En effet, dans ce passage central, il existe deux symboles importants.

Le premier est l'arbre qui est le symbole de la religion et de la parole divine comme l'attestent plusieurs passages d'autres religions : « Ce n'est pas un bon arbre qui porte du mauvais fruit, ni un mauvais arbre qui porte du bon fruit » (Luc, VI, 43) et « D'éternité en éternité, cet Arbre de Vérité divine a servi et servira toujours de trône pour la révélation et la dissimulation de Dieu parmi ses créatures et, en chaque âge, il est rendu manifeste par l'intermédiaire de quiconque Lui plaît » (*Sélection des Écrits du Báb,* p. 166).

L'illumination sous un arbre ressemble étrangement au récit biblique du buisson ardent où Moïse rencontre un buisson qui « […] tout en feu, […] ne se consumait point » (Exode, III, 2). Un buisson ou un arbre qui ne consume pas tout en brûlant, n'est-il pas un arbre qui justement illumine ?

Le second est celui de l'illumination renvoyant au concept de la lumière divine, comme le rappelle si bien le Coran : « Dieu est la lumière des cieux et de la terre » (Coran, XXIV, 35) en parlant de la présence universelle des religions parmi tous les peuples de la terre. Ce récit est donc un récit symbolique à travers lequel le Bouddha explique sa rencontre avec le Saint-Esprit et le début de sa mission prophétique.

Le Coran résume merveilleusement bien ces deux symboles réunis : « La lampe est dans un [récipient de] cristal et celui-ci ressemble à un astre de grand éclat ; son combustible vient d'un arbre béni : un olivier ni oriental ni occidental dont l'huile semble éclairer sans même que le feu la touche » (Coran, XXIV, 35).

Le fait que tous les messagers divins utilisent un langage symbolique pour parler de leur première rencontre avec Dieu à travers le Saint-Esprit ne doit pas nous étonner ou nous dérouter (la colombe, l'archange Gabriel, le buisson ardent, etc.). La révélation divine, le contact avec l'Être suprême, est – par définition – réservée uniquement au monde des prophètes de Dieu, un monde qui dépasse le monde humain, mais se situe en deçà de celui de Dieu. Il est donc normal que ces derniers aient recours à des métaphores pour expliquer une expérience unique qui dépasse l'entendement humain. Le message du Bouddha a été accepté par un grand nombre de personnes qui l'auraient suivi tout au long des chemins qu'il a parcourus pour annoncer la bonne nouvelle.

D'après la tradition, le Bouddha s'est éteint très âgé (à l'âge de quatre-vingts ans) et malade, près de la petite ville de Kusinagara. Même sa mort est chargée de symboles : il n'est pas mort jeune, mais très vieux, très malade et de mort naturelle (non suivie d'une quelconque résurrection, ni élévation dans les cieux). Ainsi il aurait connu (selon la légende) tous les trois états qui l'ont amené à quitter sa vie de prince : la maladie, la vieillesse et la mort (naturelle) tout en continuant à professer la voie de la délivrance. Il aurait ainsi démontré par sa vie même, la véracité de ses propos : la vraie délivrance n'est pas d'ordre surnaturel et « la victoire sur la mort » n'est pas d'ordre matériel mais spirituel.

Très étrangement, il arrive que les contingences de la vie des Manifestations de Dieu viennent confirmer l'essence de leurs enseignements et leur permettent de montrer par l'exemple de leur *vie* (matérielle), la véracité de leurs *paroles* (spirituelle). C'est l'union du hasard et de la nécessité.

La doctrine

Les premiers croyants qui ont accepté le message du Bouddha, celui de la « voie » (*marga*) du salut, ont formé la communauté (*samgha*). D'après la tradition la plus en vogue, cette communauté serait une communauté de moines mendiants (*bhiksus*), recevant progressivement du Bouddha ses lois et ses institutions. Cependant, comme nous le verrons dans la prochaine section, la formation d'une communauté monastique paraît quelque peu étrange de la part d'un prophète qui a placé le prochain (à notre avis, comme tous les prophètes) au centre de sa révélation de manière si évidente.

L'« illumination » lui a fait prendre conscience du fait que le destin des êtres après leur mort était désormais uniquement dépendant des actes bon ou mauvais qu'ils auraient accomplis durant leur vie terrestre. Cela peut nous paraître à l'évidence dérisoire, mais il ne faut pas oublier que selon le concept de la transmigration des âmes enseigné dans l'hindouisme, ce ne sont pas les actes bons qui conduisent à la délivrance du cycle des réincarnations perpétuelles mais le fait de parvenir à un parfait équilibre entre les bons et les mauvais actes. Le concept d'équilibre avait fini par absorber à ce point la vision de l'hindouisme qu'il avait pris le dessus sur la *délivrance* par le simple fait d'actes méritoires. Le bouddhisme marque en fait le retour vers la conception originelle du zoroastrisme.

À ce point de notre développement, il importe de préciser davantage la notion de la délivrance dans l'hindouisme et le bouddhisme. S'il est vrai que dans une première approche cette notion semble spécifique à ces deux religions : notion cyclique du temps, renaissances infinies, transmigration des âmes, etc., il ne faut cependant pas perdre de vue que derrière le phénomène continu des renaissances dans ces deux religions et celui de la perte de la vie éternelle dans le christianisme, se cache la même angoisse existentielle (ou plutôt postexistentielle) : que deviendrai-je après ma mort ?

La souffrance est donc la même, quelle que soit la forme adoptée et de ce fait la libération de cette angoisse fournit la même quiétude, quel que soit le moyen utilisé. La *délivrance* n'est qu'une version hindoue du *salut* chrétien.

C'est dans ce sens que le bouddhisme est révolutionnaire malgré la simplicité de son approche. En posant comme moyen de la délivrance la récompense des actes, il replace le *prochain* au cœur du problème, car la notion du Bien et du Mal ne prend du sens qu'en rapport avec le *prochain*. Le bouddhisme propose ni plus ni moins que la bonté de l'acte envers l'autre (le prochain) comme l'unique moyen de la *délivrance*. Désormais pour être sauvé la foi ne suffit plus, ni l'observance de la Loi, il n'y a que les actes qui sauvent et/ou délivrent.

D'après les enseignements bouddhiques sur la voie de cette délivrance, l'homme est seul et ne peut être aidé par personne, même pas par les dieux eux-mêmes, ce qui rend inutile tout culte aux dieux en échange d'une quelconque délivrance. Le bouddhisme est donc opposé en fait à une adoration en forme de marchandage et/ou de superstitions qui découlent des pratiques rituelles (*silavrataparaniars*) et propose en échange un effort sincère envers son prochain. D'où l'importance de la place de la raison dans cette religion.

L'une des formules les plus célèbres par laquelle est condensée l'essence de la doctrine bouddhique est celle des quatre « nobles vérités » (*Arya satya*), la première noble vérité étant la souffrance dont on a fait mention plus haut ou *duhkha*.

La deuxième noble vérité est la source de cette souffrance, à savoir la soif ou *samudaya*. La soif de plaisir et surtout d'exister. La troisième noble vérité nous enseigne que cette soif peut être éteinte par l'anéantissement complet du désir, même celui d'exister, il s'agit du *nirvana*. Le bouddhisme apparaît donc essentiellement comme une doctrine centrée sur le détachement. Le sentier qui guide vers cet état de nirvana constitue la quatrième noble vérité. Ce sentier ou *marga* est composé de huit branches qui sont : l'opinion correcte, la pensée correcte, la parole correcte, l'activité correcte, les moyens d'existence corrects, l'effort correct, l'attention correcte et la concentration mentale correcte.

Les branches et le développement

Comme nous l'avons indiqué plus haut, le fait que le Bouddha ait formé une communauté monastique nous paraît très peu vraisemblable pour plusieurs raisons. La première est que le Bouddha avant son illumination avait mené une vie ascétique et monastique très intense mais sans résultat ; comment aurait-il pu alors l'enseigner comme voie de la délivrance à ceux qui suivaient désormais la voie ? La seconde raison est qu'aucun prophète n'a jamais formé un ordre sacerdotal ou quelque chose de semblable de son vivant. Ces ordres ont été formés en l'absence du prophète et par défaut d'une alliance réglant les problèmes d'interprétation et de la succession. La dernière est que les enseignements des prophètes, contrairement à ceux des maîtres et gourous, ne sont pas d'ordre ésotérique nécessitant la formation d'un groupe restreint au fait des mystères, le reste des croyants formant ceux qui restent dans le siècle. En revanche, la plupart des prophètes, en vue de propager rapidement leurs enseignements ont formé un premier groupe d'adeptes qui constituaient en fait un corps destiné à prêcher la bonne nouvelle au plus grand nombre, ce qui, associé aux déplacements incessants de la Manifestation divine dus à la persécution et/ou au désir d'atteindre autant de régions que possible, donnait l'impression d'un groupe d'ascètes monastiques, alors qu'en réalité il n'en était rien. Le meilleur exemple est celui du Christ et des douze apôtres parcourant le royaume de Judée en vue de propager les enseignements divins : « Le Fils de l'homme n'a pas un endroit pour reposer sa tête » (Luc, IX, 58 ; Matthieu, VIII, 20). Nous supposons qu'il en a été de même pour le Bouddha et ses premiers disciples. En effet, le bouddhisme du nom de Mahayana ou « grand véhicule », en opposition au Hinayana ou « petit véhicule » considéré comme inférieur, n'accepte pas le caractère restrictif du bouddhisme monastique tourné vers la délivrance égoïste et égocentrique d'un petit nombre aux dépens de la masse des croyants, ce qui contredit même les enseignements du Bouddha tourné vers son prochain. Le Mahayana se consacre essentiellement aux bodhisattvas (« Êtres destinés à l'Éveil »), c'est-à-dire aux futurs bouddhas.

Le bouddhisme Mahayana attribue donc aux bouddhas trois « corps » distincts : le corps de création magique (*nirmanakaya*), qui est précisément celui qui apparaît aux êtres plongés dans l'univers des transmigrations qui naît, atteint l'Éveil, prêche la Bonne Loi et entre finalement dans la paix du *parinirvana* ; le corps de jouissance (*sambhogakaya*), visible pour les seuls bodhisttvas et dont l'aspect glorieux réjouit ces derniers ; enfin, le corps de la loi ou de la doctrine (*dharmakaya*) qui est la nature profonde des bouddhas, laquelle n'est autre que l'essence de leur enseignement, donc la vérité ultime, le tréfonds de l'être, à savoir la vacuité universelle.

Ces trois « corps » se retrouvent dans les enseignements des religions sémites. Ils correspondent aux trois « mondes » en contact avec les prophètes. Nous avons dans le même ordre, le monde humain, le second est le monde des prophètes ou des Manifestations de Dieu et le troisième est celui de Dieu lui-même.

L'eschatologie

L'avènement de ces bouddhas est clairement annoncé dans les sermons du Bouddha : « Je ne suis pas le premier bouddha qui soit venu sur la terre, ni ne serai le dernier. En temps voulu, un autre bouddha se lèvera dans le monde, un saint, hautement illuminé [...] un incomparable meneur d'hommes [...] Il vous révélera les mêmes vérités éternelles que je vous ai enseignées » (*Sermons du Bouddha*).

On peut aisément comprendre qu'ici les mots « bouddha » ou « bodhisattva » qui indiquent des futurs bouddhas sont les synonymes de messagers divins ou prophètes dans le langage des religions sémitiques.

Quand le Bouddha proclame qu'il n'est pas le premier bouddha, cela signifie qu'il n'est pas le premier prophète et qu'avant lui d'autres prophètes sont venus et que d'autres le suivront (« ni ne serai le dernier »). Ensuite il fait référence à un « temps voulu » et la venue d'un « incomparable meneur d'hommes », ce qui a une résonance très eschatologique et très probablement fait référence à la venue du Maitreya, le plus célèbre des bodhisattvas et le bouddha à venir. Il s'agit du prochain successeur du Bouddha historique dont la venue est attendue depuis plus de deux mille ans par les bouddhistes du monde entier.

Si l'on considère que le mot bouddha est un équivalent de celui de messager de Dieu, cela signifie que le Maitreya, autrement dit le Messie du Bouddhisme, sera le cinquième prophète à partir de la venue du Bouddha. Il est à remarquer que quatre autres prophètes se sont déclarés depuis l'avènement du Bouddha : le Bouddha lui-même (vers 560-480 av. J.-C.), Jésus (vers 4-30), Muhammad (570-632), le Bab (1819-1850) et en dernier lieu Baha'u'llah (1817-1892), ce qui ferait de ce dernier le 5ᵉ Bouddha.

Les préjugés contre le bouddhisme

Le préjugé tenace auquel le bouddhisme doit faire face est le fait d'être considéré comme une religion athée. Nous allons donc aborder ce problème plus en profondeur.

Contrairement à ce que les bien-pensants veulent nous faire croire, le bouddhisme n'est nullement une « religion athée ». Si tel était le cas, le Bouddha l'aurait proclamé et annoncé, lui qui avait tant annoncé des concepts des plus audacieux pour son époque. Non seulement, il n'a jamais nié l'existence de Dieu, mais les entités divines sont omniprésentes dans le bouddhisme.

Ce que le Bouddha dénonce est en fait les fantasmes qui l'accompagnent : les idoles imaginaires que les individus fabriquent dans leur esprit et qu'ils appellent Dieu et adorent tel un veau non pas fait d'or mais de pure imagination et, en raison même de cela, encore plus difficile à abattre.

Il existe deux raisons fondamentales à cette absence. La première réside dans le fait que le bouddhisme est surtout une doctrine pragmatique de la vie. Le Bouddha expose cela de la manière suivante : si un homme transpercé par une flèche est présenté à des médecins, ces derniers au lieu de s'occuper de savoir qui a tiré la flèche, vont d'abord essayer de le soigner.

La deuxième raison de cette absence est qu'il est né au sein d'une autre religion (l'hindouisme) qui avait développé ces questions (les divinités, leur nature, leur mission, etc.) pendant des milliers d'années. Il importait donc de redescendre « sur terre » afin d'équilibrer les deux tendances.

En effet, un concept fondamental du Mahayana est celui de la vacuité (sunyata) universelle, selon lequel tout est vide de nature propre (svabhava). Ainsi, le concept de la vacuité dans le bouddhisme correspond à celui de l'essence dans les religions sémites, son équivalent conceptuel en quelque sorte. C'est pourquoi Dieu qui est considéré comme l'essence des essences dans les religions sémites est en quelque sorte « absent » de la terminologie bouddhique, mais cette absence est justement sa pleine présence. Pour arriver à une meilleure compréhension de ce problème, il est impératif de sortir des formes langagières : remplaçons alors le mot « Dieu » par celui de « Réalité ultime ». Nous constatons alors que le bouddhisme, à l'instar de toutes les autres religions, en appelle à l'existence de cette « Réalité ultime » mais en utilisant des formes langagières différentes.

On constate également qu'en fait, le bouddhisme est aussi monothéiste que toutes les autres religions, mais étant donné qu'il est hautement pragmatique, au lieu de considérer que les choses qui existent sont des illusions, il les considère comme réelles et arrive à la conclusion selon laquelle, si les choses contingentes sont réelles, donc la « Réalité ultime » qui est l'opposé de la contingence, ne peut être que le « néant absolu », d'où toute la philosophie du bouddhisme tirée vers l'extinction.

Les religions sémites ont développé la notion de « Tout » en rapport avec la notion de Dieu. Le bénéfice de cette conception de la divinité est de montrer le « néant » de toute chose en face de la « Réalité ultime ». Mais cela peut également déboucher sur des concepts erronés. Le panthéisme, qui représente la pire perversion de la pensée monothéiste, utilise justement cette idée de « Tout » et la déforme pour la confondre avec la contingence.

Pour donner un aperçu philosophique de ces deux approches, on pourrait dire que les religions sémites ont une perception berkeleyenne de la réalité, alors que le Bouddha en a une approche bergsonienne (Henri Bergson, *Matière et mémoire*, p. 6, PUF, 2004), mais au final, les deux visions se rejoignent parfaitement.

Le judaïsme

Les racines historiques

Deux identités différentes se cachent derrière le mot judaïsme. La première est une identité nationale, il s'agit des Judéens antiques, et la seconde est une identité religieuse. Cette double appartenance, à la fois nationaliste et religieuse, a été à l'origine de multiples confusions. Bien que la plupart des érudits juifs fassent remonter le début de leur histoire à Abraham (vers 1750 av. J.-C.), nous situons le début du judaïsme plutôt à Moïse, car Abraham est également l'ancêtre d'autres religions, comme nous le verrons par la suite.

Abraham a quitté sa Mésopotamie natale pour immigrer dans le pays de Canaan où il donne naissance à Isaac qui donne naissance à son tour à Jacob ou Israël. Ce dernier donne, lui, naissance à douze fils. Israël et ses fils migrent en Égypte où ces derniers donnent naissance aux douze tribus d'Israël (1700-1300 av. J.-C.). Ils prospèrent sous la dynastie des Hyksos (1750-1580 av. J.-C.), cependant, l'avènement des pharaons thébains qui chassent les Hyksos et inaugurent la XVIIIe dynastie du Nouvel Empire a pour conséquence la persécution des enfants d'Israël. D'après la Bible, Moïse, le futur prophète des Hébreux, aurait été un bébé abandonné par sa mère aux eaux du Nil, craignant pour sa vie à une époque où selon la prophétie, un enfant mâle qui venait de naître serait le libérateur du peuple hébreu. Selon la tradition, il aurait été sauvé et recueilli par les servantes de la fille du Pharaon et ainsi aurait été élevé à la cour du pharaon lui-même avant d'être accusé du meurtre d'un Égyptien (Exode, II, 11) et obligé de prendre la fuite. Il serait alors arrivé dans le pays de Madian où il aurait fondé une famille. Et c'est là, sur le mont Horeb, qu'il serait entré en contact avec le buisson ardent qui brûle mais ne se consume pas. Il s'agit de la rencontre avec le Dieu d'Abraham qui le charge de retourner vers l'Égypte afin de délivrer le peuple d'Israël de l'oppression. La rencontre entre Moïse et le buisson ardent est l'un des passages les plus poignants et riche d'enseignements sur la manière dont un prophète se fait investir par Dieu de sa mission. Il s'agit de l'une des meilleures descriptions de ce phénomène dans l'histoire des religions. De cette *rencontre,* nous pouvons retenir les informations suivantes : « L'Éternel vit qu'il se détournait pour

voir, et Dieu l'appela du milieu du buisson, [...] »
(Exode, III, 4). Cela indique que le buisson lui-
même n'est pas l'Éternel mais le moyen par lequel
il communique avec le prophète. Le buisson ardent,
tout comme l'archange Gabriel dans le Coran, est
une image utilisée pour parler de ce moyen de
communication, le Saint-Esprit dont parlent les
Évangiles. Ensuite Dieu se présente sans se donner
un nom spécifique : « [...] Je suis le Dieu de ton
père, [...] » (III, 5), mais plus tard, quand Moïse
demande un nom, il répond : « [...] Je suis celui
qui suis » (III, 14), ce qui donne le mot Yahvé.
Cela montre que le nom de Dieu est en quelque
sorte secondaire, comme nous l'avons indiqué
dans notre introduction. Ceci est le fondement
d'universalisme de la religion.

Il est intéressant de constater la force avec
laquelle l'élection divine s'impose aussi bien au
peuple « Maintenant, va, je t'enverrai auprès de
Pharaon » (III, 10), qu'au prophète lui-même, toujours pris au dépourvu : « Qui suis-je, pour aller vers
Pharaon, [...] ? » (III, 11). Aucun prophète ne s'est
porté volontaire pour cette tâche, ce qui fait sur-
prendre les peuples en général du choix divin, d'où

les oppositions et les persécutions. Il y a toujours un décalage entre l'élection divine et les imaginations du peuple. Ce dernier verset est très significatif : « Dieu dit : "Je serai avec toi ; et ceci sera pour toi le signe que c'est moi qui t'envoie […]" » (III, 12). L'assistance divine ce n'est pas les miracles, mais la présence divine. Et contrairement aux idées reçues, elle ne se manifeste pas par des signes surnaturels mais surtout par la Parole : « […] Je serai avec ta bouche, et je t'enseignerai ce que tu auras à dire » (IV, 12).

Moïse reçoit les Tables de la Loi au mont Sinaï. Il s'ensuit un voyage de quarante ans dans le désert du Sinaï avant d'arriver à Canaan et sa conquête par Josué. Les Hébreux sont gouvernés dans un premier temps uniquement par des Juges. Le premier roi du royaume d'Israël est Saül suivi du roi David auquel va succéder son fils Salomon. On peut considérer, comme nous le verrons par la suite, que l'œuvre la plus importante de Salomon est la construction d'un temple à Jérusalem. À la mort de ce dernier, survient un schisme et le royaume se scinde en deux parties. Au nord, le royaume d'Israël regroupant dix tribus d'Israël avec pour capitale Sichem puis Samarie, puis au sud, les deux tribus de Benjamin et de Juda forment le royaume de Juda avec pour capitale Jérusalem. Ces deux royaumes vont subir l'invasion des deux royaumes de la Mésopotamie et finiront par disparaître. Le royaume d'Israël, au nord, est envahi par l'Assyrie en 722 av. J.-C. et une partie de sa population est déportée. Le royaume de Juda en 586 av. J.-C. par les Babyloniens. Le roi du Babylone, Nabuchodonosor, détruit le Temple de Jérusalem et amène la population en exil à Babylone. En 539 av. J.-C., Cyrus le Grand, empereur de la dynastie achéménide d'Iran, conquiert Babylone et autorise le retour des exilés dans leur pays natal. Cyrus le Grand ordonne la reconstruction du Temple, mais son ordre sera exécuté seulement en 515 av. J.-C. par le roi Xerxès, qui autorise et finance cette reconstruction.

La conquête d'Alexandre le Grand en 332 av. J.-C. marque le début de l'hellénisation du judaïsme. Cependant, les juifs se rebellent contre le pouvoir répressif du roi Antiochus IV Épiphane de la dynastie séleucide et la dynastie asmonéenne s'empare du pouvoir. L'indépendance est de courte durée et le royaume tombe sous le joug de Rome en 63 av. J.-C. et le restera pendant quatre siècles.

La révolte des zélotes aboutit à la libération de Jérusalem en 66. Mais l'empereur romain Titus conquiert Jérusalem en 70 et détruit le Temple. Le dernier soulèvement juif a lieu en 132 sous la direction de Simon Bar Kokhba qui est écrasé à son tour en 135 et Jérusalem sera désormais interdite aux juifs. Ainsi commence l'exil du peuple juif.

Le retour des juifs en Terre sainte restera interdit jusque sous les successeurs de l'Empire romain et c'est en 1844 que cette interdiction sera enfin levée par l'édit de Tolérance émis par le califat ottoman marquant le retour de l'Exil

La doctrine et la philosophie

Les points les plus saillants de la doctrine du judaïsme sont le monothéisme et l'Alliance. Le monothéisme n'est pas une invention exclusivement juive, le judaïsme le partage avec le zoroastrisme, mais également avec le culte d'Aton et son roi-prophète Akhnaton. Il faut donc chercher ailleurs l'originalité du monothéisme juif. À notre avis, elle se situe dans le nom même du livre saint du judaïsme, le Premier Testament ou la Torah.

Le Premier Testament comprend principalement le Pentateuque (Torah), les Livres des Prophètes et d'autres écrits. Le mot même de *Testament* renvoie à celui d'*Alliance* : une alliance que Dieu aurait contractée avec un peuple, donnée pour l'*éternité*. L'introduction même du mot « alliance » va changer le paysage religieux de l'humanité. Certes le peuple juif n'était pas le premier peuple avec qui Dieu aurait contracté une alliance, mais jamais auparavant, ce mot n'avait été utilisé avec autant de force. *Torah* en hébreu signifie la Loi. Ainsi la Loi se trouve située au cœur même de l'Alliance. Toute l'histoire d'Israël peut donc être lue dans cette double optique d'alliance avec Dieu et de révélation de la Loi. Le judaïsme ne propose donc pas un simple monothéisme, mais un monothéisme pratique. L'Alliance devient le lieu de rencontre entre un monothéisme exclusif et une obéissance à la Loi révélée par un Dieu unique à un messager divin. Désormais, les deux notions d'adoration et d'obéissance vont se retrouver liées.

Les branches et le développement

Les deux populations principales d'Israël au premier siècle de notre ère sont les Judéens et les Samaritains. Les Judéens considèrent ces derniers avec dédain en raison de leur ascendance, un mélange entre les restes du royaume du Nord et les populations immigrantes non juives venues de l'Assyrie occupante. Mais ces derniers se considèrent comme les vrais héritiers des tribus d'Éphraïm et de Manassé. De nos jours, il reste une petite poignée de Samaritains.

Les Judéens se divisent en trois branches : les esséniens, les sadducéens et les pharisiens.

Les esséniens sont organisés en communautés monastiques. La pureté rituelle est au centre de leurs préoccupations. Les sadducéens sont liés aux autorités sacerdotales. Ils placent le Temple et son culte au centre de leur religiosité. Les pharisiens sont très soucieux d'éviter tout contact avec des païens ou des juifs compromis avec le paganisme.

La destruction du Temple entraîne dans son sillage la disparition des esséniens et des saducéens. Désormais ne subsistent que les pharisiens. Le Temple étant détruit, le sacrifice des animaux devient impossible. Les sacrifices seront alors remplacés par des prières quotidiennes.

L'an 70 correspond également à l'apparition du judaïsme dit « rabbinique ». Il s'agit d'un judaïsme d'apaisement qui met fin au temps des prophètes, les remplaçant par des savants. L'avènement du Messie est toujours présent mais est de moins en moins une préoccupation quotidienne du croyant.

Le corpus sacré du judaïsme est beaucoup plus complexe qu'on peut l'imaginer. La particularité du judaïsme est que ce corpus est composé à la fois des livres révélés et des livres qui sont issus des enseignements et interprétations ultérieurs des savants et penseurs juifs. Le premier est la Bible hébraïque. Il comprend le Pentateuque, également appelé la Torah, composé des cinq livres de Moïse (Genèse,

Exode, Lévitique, Nombres, Deutéronome). Le second livre de la Bible hébraïque, par ordre d'importance, est celui des Prophètes suivi des Hagiographes. Cependant, en Orient et surtout parmi les musulmans, le mot Torah désigne le livre sacré du judaïsme au sens large.

À la fin du IIe siècle est rédigée une compilation des lois orales sous le nom de *Mishna* (« enseignement ») dont le développement aboutira à la composition des Talmud, (« étude »). Il existe deux livres talmudiques. Le premier est le Talmud de Jérusalem rédigé à la fin du IVe siècle et le second est celui de Babylone rédigé à la fin du Ve siècle. Le troisième élément, après la Mishna et le Talmud, est le *midrash,* au pluriel *midrashim* (« interprétation »). Il s'agit des études exégétiques dont la rédaction s'est achevée au XIIe siècle.

La civilisation

Pour comprendre l'apport du judaïsme à la civilisation mondiale, il importe d'aborder la grande époque des diasporas.

Le judaïsme se trouve confronté très rapidement à l'islam. Cependant, les juifs à l'instar des chrétiens et des zoroastriens bénéficient du statut de *dhimmi*, c'est-à-dire les « peuples du Livre » qui sont protégés par l'islam en contrepartie du paiement d'un impôt appelé la *dhimma*. L'islam développe au fur à mesure une forme de théologie rationnelle appelée *Kalam* par le travail de traduction des textes grecs effectué sous la direction du califat abbasside entre le VIIIe et le Xe siècle qui influence à son tour la pensée juive.

Les savants juifs sont une aide précieuse dans l'avancement des connaissances dans l'Espagne musulmane à Cordoue en 756. Ainsi, on assiste au second « âge d'or » du judaïsme en terre d'islam.

Du XIe au XIIe siècle se développe une philosophie juive sur le modèle du néoplatonisme médiéval. Suivant une évolution amorcée dans le monde musulman, les penseurs juifs se rapprochent bientôt d'un aristotélisme de plus en plus net et dépendant de l'interprétation des penseurs musulmans. Moïse Maïmonide, né à Cordoue en 1138, représente l'apogée de cette évolution. La reconquête chrétienne marque la fin de l'âge d'or de la civilisation du judaïsme en terre d'Espagne.

En Occident, bien que la persécution juive soit déjà présente à Rome, où l'on retrouve une grande communauté de réfugiés juifs, ce n'est qu'à partir des XIIe et XIIIe siècles que la persécution de nature religieuse des juifs d'Occident commence réellement. L'Église considère ces derniers comme les responsables de la mort du Christ. Des accusations de toutes sortes commencent à affluer : meurtres rituels, profanations d'hosties, etc. Contraints à une conversion de masse au christianisme, ils sont néanmoins accusés de continuer à pratiquer le judaïsme en cachette (les cryptojuifs), d'où les persécutions féroces de l'Inquisition suivies des expulsions à grande échelle des juifs de France et d'Espagne.

L'eschatologie

La religion juive est la religion la plus riche en matière de « la fin des temps ». Les prophètes qui ont le plus contribué à l'eschatologie juive sont – par ordre chronologique – les suivants :

- Amos et Ésaïe (vers 750 av. J.-C.). Ésaïe avait fait des prophéties concernant le lieu d'apparition du Messie : « [...] Le désert et le pays aride se réjouiront ; [...] la gloire du Liban lui sera donnée, la magnificence du Carmel et de Saron. Ils verront la gloire de l'Éternel, [...] Dieu, la vengeance viendra, [...] » (Ésaïe, XXXIV, 1-4).

- Jérémie (629-588 av. J.-C.), auteur du « Livre des Lamentations », fait une étrange prophétie concernant Élam : « Je placerai mon trône dans Élam, et j'en détruirai le roi et les chefs, dit l'Éternel » (Jérémie, XLIX, 38). L'Élam avait pour capitale Anshan durant ses périodes haute et moyenne. Elle est devenue ensuite la première capitale des rois perses achéménides. Elle correspond à un site qui se trouve en Iran, dans la province du Fars, près de la ville de Shiraz.

- Ézéchiel (586 av. J.-C.) avait prédit la destruction de Jérusalem ; et enfin, le plus connu de tous, Daniel (164 av. J.-C.) dont les prophéties serviront de référence par le Christ lui-même. C'est pourquoi l'eschatologie juive est essentiellement d'ordre messianique et se confond entièrement avec celle du christianisme.

Les préjugés contre le judaïsme

Étant donné la confusion qui existe entre la nation juive et le judaïsme, réparer un tort et un préjugé contre le peuple juif revient à celui contre le judaïsme.

L'une des attaques dirigée contre le judaïsme est celle du « peuple élu ». Or, l'Alliance dont parle la Torah ne peut être une alliance exclusive. Elle est conclue avec un Dieu créateur de tous les peuples et pour l'éternité. Le Dieu d'Abraham et d'Isaac n'a pas fait que créer le peuple juif, il est également le Dieu de tous les peuples de la Terre.

Ici donc le mot « éternité » renvoie à un concept eschatologique. De ce fait, il devient évident que ce temps de la fin, dont parlent autant les prophètes d'Israël, n'est pas uniquement celui du peuple d'Israël mais celui du monde entier et que d'autre part, il ne peut s'agir de la fin d'un temps physique, ni d'un monde physique, mais d'un temps spirituel. Le Messie de Gloire dont le nom orne tous les livres sacrés du judaïsme est également celui de toutes les religions. C'est uniquement l'acceptation de ce fait simple qui donne un sens universel à l'expression de « peuple élu ».

Le christianisme

Les racines historiques et la notion de *Royaume de Dieu*

Quiconque étudie les Évangiles ne peut s'empêcher d'associer la personne de Jésus au mot *esprit*, bien plus qu'à tout autre mot. C'est donc dans cette optique que nous abordons l'étude de sa vie et de son message.

Derrière la beauté mythique des récits de la Nativité et la découverte de l'Enfant Jésus par des prêtres zoroastriens (mages) venus d'Iran se cache, en fait, un mystère des origines. Il serait né à Bethléem, une ville située au sud de Jérusalem et aurait grandi à Nazareth où il aurait exercé le métier de charpentier-maçon jusqu'à l'âge de trente ans environ avant de tout abandonner pour suivre Jean-Baptiste. Ce dernier savait apparemment le rang de Jésus, celui d'une Manifestation divine, dont il était le héraut lui-même : « Mais Jean s'y opposait, en disant : "C'est moi qui ai besoin d'être baptisé par toi, et tu viens à moi !" » (Matthieu, III, 14). La revendication de ce rang ne fait aucun doute, car seule une Manifestation divine a l'autorité nécessaire et suffisante pour abolir la Loi : « Car le Fils de l'homme est maître du sabbat » (Matthieu, XII, 8).

L'arrestation suivie de l'exécution de Jean-Baptiste met fin à cette première étape et Jésus va prêcher directement la *présence* du Royaume de Dieu sans passer par le baptême, devenu désormais inutile. Ce Royaume, cette *présence,* n'était autre en fait que la *personne* de Jésus lui-même. Par la *personne* et la *présence,* il ne faut pas entendre *personne* et *présence* physique de Jésus, mais l'*esprit* qui animait ce dernier, à savoir le Saint-Esprit, le même Saint-Esprit qui avait animé celui de toutes les manifestations antérieures et qui permettait à Jésus de proclamer « […] avant qu'Abraham fût, je suis » (Jean, VIII, 58) et qui permettait de considérer comme une même personne toutes les manifestations divines : « Mais je vous dis qu'Élie est déjà venu, qu'ils ne l'ont pas reconnu […] Les disciples comprirent alors qu'il leur parlait de Jean-Baptiste » (Matthieu, XVII, 11-12 et 13).

Pour entrer dans ce *Royaume de Dieu,* il faut remplir deux conditions : l'acceptation de Jésus en tant que la Manifestation divine et la complète obéissance à ses commandements. Le caractère indissociable de ces deux conditions est révélé dans la parabole du roi préparant les noces de son fils et qui est confronté à deux catégories d'invités. La première catégorie est celle des invités absents, il s'agit de ceux qui refusent le message du Christ. La deuxième catégorie est celle de ceux qui ne portent pas l'habit de noces (l'habit d'obéissance), il s'agit donc de ceux qui acceptent le Christ mais ne mettent pas en pratique ses enseignements et qui seront jetés dehors [du *Royaume de Dieu*]. En fin de compte, ces deux catégories reviennent au même (Matthieu, XXII, 1-14). Ailleurs, il le dit clairement : « Mais quiconque entend ces paroles que je dis, et ne les met pas en pratique, sera semblable à un homme insensé qui a bâti sa maison sur le sable » (Matthieu, VII, 26).

Jésus fait une analyse sévère – mais juste – de son milieu, une société tournée entièrement vers l'obéissance aveugle à la Loi en vue d'obtenir le salut. Ainsi l'observance trop stricte de la Loi était devenue – paradoxalement – un obstacle, détournant les hommes de l'esprit même de la Loi. Il adopte alors une stratégie très habile pour faire face au clergé. Dans un premier temps, il rassure : « [...] je suis venu non pour abolir, mais pour accomplir » (Matthieu, V, 17). Dans un second temps, il va mettre en tension la Loi et la valeur de l'être humain : « [...] Lequel d'entre vous, s'il n'a qu'une brebis et qu'elle tombe dans une fosse le jour du sabbat, ne la saisira pour l'en retirer ? Combien un homme ne vaut-il pas plus qu'une brebis ! Il est donc permis de faire du bien les jours de sabbat » (Matthieu, XII, 11-12). Ensuite, il va intéresser les hommes à l'éthique de la Loi. Il va élever le niveau éthique de la Loi si haut, que celle-ci finira par se briser d'elle-même si elle n'est plus adaptée à son temps, c'est tout le sens de Matthieu (ch. V) et le sermon sur la montagne : « Il a été dit : "Que celui qui répudie sa femme lui donne une lettre de divorce." Mais moi, je vous dis que celui qui répudie sa femme, sauf pour cause d'infidélité, l'expose à devenir adultère, et que celui qui épouse une femme répudiée commet un adultère » (Matthieu, V, 31-32). Jésus déplace ainsi le problème, ce n'est plus la Loi qui importe mais l'*esprit* de la Loi, autrement dit une éthique tournée entièrement vers l'être humain. Le problème central n'est plus le respect de la Loi mais le respect de l'être humain : « Le sabbat a été fait pour l'homme, et non l'homme pour le sabbat » (Marc, II, 27) et en dernière étape rassure à nouveau en se présentant en tant que maître du sabbat (voir le deuxième paragraphe de ce texte). Le Royaume de Dieu est ainsi résumé en ce passage : « Le scribe lui dit : "Bien, maître, tu as dit avec vérité que Dieu est unique, et qu'il n'y en a point d'autre que lui, et que l'aimer de tout son cœur, [...] et aimer son prochain comme soi-même, c'est plus que tous les holocaustes et tous les sacrifices." Jésus, voyant qu'il avait répondu avec intelligence, lui dit : "Tu n'es pas loin du *Royaume de Dieu* [...]" » (Marc, XII, 32-34).

Les miracles attribuées au Christ dans les évangiles sont très probablement d'ordre symbolique comme l'indique le fameux verset de « Suis-moi, et laisse les morts ensevelir leurs morts » (Matthieu, VIII, 22) où Jésus compare ceux qui ont refusé son message à des morts physiques. Les récits de guérisons miraculeuses seraient donc en fait des récits symboliques de l'acceptation de la Parole. En effet,

si l'on considère que le Christ est le Verbe incarné
(Jean, I, 14), toute parole du Christ est en soi un
miracle. Une Parole capable de changer les cœurs
des hommes. Attribuer au Christ tout autre phénomène *surnaturel* est tout simplement le réduire à un
faiseur de miracles, comme l'indique l'histoire de la
guérison du paralytique et le pardon de ses péchés
(Matthieu, IX, 1-6). Jésus lui-même n'a jamais
accepté une telle réduction de son rang : « Les pharisiens survinrent, se mirent à discuter avec Jésus, et,
pour l'éprouver, lui demandèrent un signe venant
du ciel. Jésus, soupirant profondément en son
esprit, dit : "Pourquoi cette génération demande-t-
elle un signe ? Je vous le dis en vérité, il ne sera
point donné de signe à cette génération" » (Marc,
VIII, 11), suivi de cet étrange avertissement :
« Plusieurs me diront en ce jour-là : "Seigneur,
Seigneur, n'avons-nous pas prophétisé par ton
nom ? N'avons-nous pas chassé des démons par ton
nom ? Et n'avons-nous pas fait beaucoup de miracles par ton nom ?" Alors je leur dirai ouvertement :
"Je ne vous ai jamais connus, retirez-vous de moi,
vous qui commettez l'iniquité" » (Matthieu, VII, 22-
23).

Il est possible que le fait d'insister sur le *Royaume de Dieu* ait été pris par certains juifs au sens matériel des choses et ces derniers en sont venus à penser qu'il s'agissait du royaume d'Israël, au sens matériel, en tant que territoire dont Jésus serait le futur roi. Cette méprise sera la cause de l'arrestation de Jésus par les autorités romaines et son exécution finale par crucifixion.

Jésus avait pourtant accepté qu'on le qualifie par différents titres (Matthieu, XVI, 13) : Messie, Fils de l'Homme, Prophète eschatologique, etc. Cette apparente tolérance avait pour but d'éviter que l'obstacle matériel des noms ne vienne obscurcir la lumière de la réalité du Christ. Ce dernier voulait détourner l'attention des croyants de la nature de sa personne (la matérialité) vers le message lui-même (l'esprit). Cependant, comme nous le verrons, la concentration excessive des futurs croyants sur son titre et/ou sa nature a été à l'origine des plus grands schismes du christianisme, donnant raison – ultérieurement – à Jésus.

L'échec de Jésus était apparemment total, surtout le fait qu'il avait été exécuté faisait de lui un vaincu aux yeux des juifs. Cependant, le récit de la résurrection du Christ commence à circuler suivi des apparitions de ce dernier aux apôtres en particulier. La résurrection du Christ est un élément fondamental de la foi chrétienne, cependant étant donné que notre approche, cmme nous l'avons mentionné dans l'introduction, est une approche basée sur la raison, nous sommes donc amenés à y trouver un sens rationnel qui puisse satisfaire aussi le croyant que le non-croyant, une forme de *voie médiane*. Deux éléments nous frappent dans les récits de la Résurrection : le premier est l'absence totale d'homogénéité des différents récits. Comment est-ce possible qu'un élément si central des Évangiles (qui étaient au départ des récits de la Passion) soit si mal transmis ? Le second élément est la présence constante – paradoxalement – dans tous les récits de Marie Madeleine et du «tombeau vide» (Odette Mainville, *Les christophanies du Nouveau Testament*, Médiaspaul, 2008, p.114). Nous pouvons donc formuler l'hypothèse suivante : après la crucifixion, les apôtres avaient pris peur et étaient découragés. Cependant, Marie Madeleine – femme au caractère bien trempé comme en témoignent plusieurs passages des Évangiles – les rassemble au 3e jour et leur tient un discours d'espoir et de victoire finale, qui va renforcer la foi des apôtres et dissiper leurs doutes. Le christianisme qui était mort pendant trois jours ressuscitait. En effet, si nous considérons que le Christ est essentiellement l'*esprit* du Christ (et non pas son corps physique), alors le Christ est le christianisme lui-même. Le fait que, pendant trois jours, les apôtres avaient arrêté la prédication, signifie la mort du christianisme et donc du Christ lui-même. Au 3e jour, les apôtres se remettent à espérer, grâce à Marie Madeleine, et reprennent la prédication du message du Christ, alors le christianisme – et donc le Christ – est ressuscité. Il s'agit donc de la mort et de la résurrection du message du Christ, autrement dit son *esprit* et non pas son corps physique.

L'expulsion de Jérusalem d'un groupe d'activistes chrétiens, en l'an 30, qui ont trouvé refuge dans des villes helléniques, est à l'origine de l'expansion du christianisme dans ce milieu et de la conversion en masse des païens. Malgré quelques réticences, l'Église de Jérusalem finit – sous l'impulsion de Paul – par accepter ces nouveaux convertis.

La persécution des chrétiens sous Néron marque un tournant historique du christianisme. Il s'agit de la reconnaissance du christianisme désormais en tant qu'entité indépendante et non plus comme une secte juive. Néron sera suivi par d'autres empereurs, notamment dans la persécution du christianisme : Decius, Dioclétien, Galère et enfin Licinius.

Ce qui frappe l'imagination c'est la possibilité d'établir un parallèle entre le degré de la persécution et celui de l'expansion du christianisme. Plus la nouvelle religion a été persécutée, plus elle s'est développée, aussi bien numériquement que géographiquement, ainsi que le degré d'attachement des nouveaux convertis. L'expansion du christianisme s'est poursuivie sans relâche. Licinius, le nouveau maître de l'empire d'Orient, a été le dernier empereur à persécuter les chrétiens. En effet, il a été défait par Constantin en 324, le nouveau protecteur des chrétiens et empereur de Rome, unifiée dès lors.

Les branches et la notion de *salut*

Deux personnes marquent l'histoire du christianisme : Paul et Arius. Bien que trois siècles séparent ces deux personnages, néanmoins, leur destin est lié sur le plan conceptuel.

L'apport principal de Paul à la pensée chrétienne est l'appropriation du *salut* par le croyant. Paul abandonne l'expression du *Royaume de Dieu* et met en avant la possibilité d'un *salut* immédiat à saisir sans autre condition que d'accepter Jésus. Ainsi la foi prend le pas sur les actes. Mais ainsi, le *salut* devenant le centre principal d'intérêt du croyant, se pose le problème de l'*identité*, autrement dit de la *nature* de celui qui offre ce *salut*. Ceci est le lien entre le problème du salut, celui de la Trinité et la fameuse querelle arienne au IIIᵉ siècle.

Arius était un prêtre d'Alexandrie dont l'enseignement portait sur la Trinité. Pour ce dernier, bien que le Christ était supérieur au reste de la création, il restait néanmoins totalement distinct du Père. Mais l'évêque d'Alexandrie lui interdit de poursuivre son prêche.

L'empereur Constantin, dont le conseiller, Ossius, évêque de Cordoue, est opposé aux idées d'Arius, convoque alors à Nicée, en 325, le premier concile du christianisme pour trancher cette querelle. Le concile a fini par rejeter entièrement les vues d'Arius et a même effectué une addition surprenante, celle du fait que le Fils est *consubstantiel* (c'est-à-dire de même nature) au Père, effaçant du coup, toute différence entre le Christ et le Père, et qui n'a été acceptée que sur l'insistance personnelle de Constantin. Lorsqu'il s'est agi de signer le texte final, Constantin a fait savoir que tout évêque réfractaire serait exilé par les autorités impériales. Seul Arius et ses partisans ont refusé de céder à ce chantage et ont été aussitôt exilés. Tous les autres évêques ont cédé, même s'ils considéraient cela comme une hérésie (Etienne Trocmé, *Histoire des religions,* II*, p. 354).

L'eschatologie

Le fondement de l'eschatologie chrétienne est celui de Matthieu qui annonce le début des lamentations, tout en se référant de manière explicite aux prophéties de Daniel, faisant ainsi de l'eschatologie chrétienne, une continuité de celle du judaïsme : « Quand donc vous verrez installé dans le lieu saint *l'Abominable Dévastateur* dont a parlé le prophète Daniel [que le lecteur comprenne !] » (Matthieu, XXIV, 15).

Un nombre important de spécialistes bibliques en Europe et aux États-Unis, en se basant sur les prophéties, ont fixé la date de retour du Christ à l'an 1844 et son lieu d'apparition en Palestine. William Ambrose Spicer, des États-Unis, a écrit notamment dans son livre *Our Day in the Light of Prophecy* : « [...] En Amérique, en Europe, le clair message de la fin du temps prophétique en 1844 a été proclamé avec force par plusieurs voix. »

William Miller, un théologien américain ayant trouvé la date de 1844, est monté avec ses disciples sur la montagne Rocheuse pour être les premiers à voir la Lumière promise réapparaissant dans les nuées du ciel. Et comme ils n'ont rien vu venir sur les nuages du ciel en 1844, les interprétations de Miller ont été rectifiées dans divers mouvements religieux issus du « millérisme », tels les « Adventistes du septième jour ». Concluant que Miller s'était trompé, un certain Russel fonda les « Témoins de Jéhovah ».

Leonard H. Kelber d'Allemagne avec un groupe d'étudiants en théologie appelés « Templars » ont vendu tous leurs biens en 1844 et pris le bateau pour la Terre sainte, tellement sûrs que la « Gloire de l'Éternel » apparaîtrait sur le mont Carmel, comme cela avait été prédit par Ésaïe. Le Christ n'étant pas revenu du ciel physique sur un nuage, ils ont été déçus et ont décidé de rester sur place. Ils ont fondé la colonie allemande des Templiers, et ont inscrit sur le fronton de leurs maisons les paroles suivantes : *« Der Herr ist nahe »* (Le Seigneur est proche). Les vestiges de cette colonie se situent encore au pied du mont Carmel à Haïfa en Israël actuel.

Les préjugés contre le christianisme

Il existe une quantité incroyable de préjugés contre le christianisme. Notre choix s'est porté sur le plus farfelu mais paradoxalement le plus

tenace, à savoir la réalité historique de Jésus lui-
même. Il est vrai qu'à part quelques passages de
l'historien juif du premier siècle, Flavius Josèphe
dont l'authenticité est fortement mise en doute,
nous ne disposons pas de grand-chose. Mais l'absence totale de documents historiques authenti-
ques et précis ne doit pas nous dérouter pour
autant. Il y a deux éléments de réponse à cette
thèse. Le premier est l'évidence de l'origine
palestinienne juive du christianisme compte tenu
des mouvements messianistes juifs au temps de
Jésus comme l'ont confirmé les découvertes de
Qumrân près de la mer Morte en conformité avec
les textes évangéliques. Le deuxième élément est
la vie même des apôtres, notamment Pierre. Ce
dernier en acceptant une vie d'errance et en fin
de compte le *martyre* a démontré la véracité de
l'existence du Christ. En effet, si Jésus était juste
le produit de l'imagination des apôtres, comment
concevoir le fait que ces derniers aient accepté
de mourir pour lui ? Aucune personne sensée
n'accepterait de se sacrifier à ses propres mensonges. Pierre a ainsi confirmé l'étymologie du
mot « martyre », en arabe *shehadat* qui signifie
« témoigner » : Pierre par son martyre accepté

volontairement a témoigné de la véracité de l'existence historique de Jésus.

Mais notre réflexion va encore au-delà de l'existence de Jésus historique. Le récit de la Passion, c'est-à-dire l'acceptation de la souffrance suivie d'une mort atroce, est la preuve de la véracité même du message de Jésus. Il avait pleinement conscience de son destin final : « Vous savez que la Pâque a lieu dans deux jours, et que le Fils de l'homme sera livré pour être crucifié » (Matthieu, XXVI, 2). Il a accepté patiemment son martyre, afin de prouver qu'il croyait sincèrement en ses propres paroles. Il n'a jamais abjuré ses paroles, pas même pour sauver sa vie. Ainsi, la Passion du Christ est la meilleure preuve de sa propre véracité.

L'islam

Les racines historiques
La civilisation

L'islam est issu de la prédication du prophète Muhammad au début du VIIe siècle à La Mecque, le lieu de sa naissance vers 570 apr. J.-C. Il appartenait à la grande tribu de Quraysh qui dominait la ville de La Mecque. Orphelin, il est mis sous la tutelle de son oncle Abû Tâlib. Parvenu à l'âge adulte, il épouse une riche commerçante du nom de Khadija. De ce mariage naît Fatima, l'unique enfant du Prophète. Vers 610 apr. J.-C., sa mission prophétique commence à la suite de la visitation d'un ange appelé Gabriel. Selon la tradition, il aurait reçu la révélation dans une grotte du mont Hira, où il avait l'habitude de se retirer. L'ange Gabriel lui serait apparu et lui aurait révélé les cinq versets suivants :

« [1] Lis au nom de ton Seigneur qui a tout créé,
[2] qui a créé l'homme d'une adhérence !
[3] Lis, car la bonté de ton Seigneur est infinie !
[4] C'est Lui qui a fait de la plume un moyen du savoir
[5] et qui a enseigné à l'homme ce qu'il ignorait. »

Ce sont les cinq premiers versets de la sourate « Le caillot du sang ». Le premier mot de la révélation est donc *iqrâ* qui signifie « lis » et dérive du verbe *qara'a* qui peut signifier psalmodier à haute voix, d'où le mot Coran. Le Coran est divisé en cent quatorze sourates de longueurs variables. Il est révélé progressivement tout au long de la vie du Prophète durant vingt-trois ans.

Apparemment, Muhammad était adepte d'une religion monothéiste avant de recevoir la révélation et de fonder l'islam. Il s'agit de la religion d'Abraham (*dîn Ibrâhîm*) également connue sous le nom de hanafisme. Il faut rappeler que les Arabes se considèrent comme les descendants d'Abraham à travers sa seconde épouse, Hagar, qui a donné naissance à Ismaël. L'islam dispute l'ascendance spirituelle du christianisme mais surtout du judaïsme à Abraham : « [67] Abraham n'était ni juif ni chrétien, mais il était un monothéiste convaincu et entièrement soumis à Dieu. Il n'a donc jamais appartenu au clan des païens. Certes, les plus fondés à se réclamer d'Abraham sont sûrement ceux qui l'ont suivi, ainsi que ce Prophète et ceux qui ont cru en sa mission. Dieu est le Protecteur des croyants » (Le Coran, III, 67-69).

Un petit groupe se convertit à la nouvelle religion, mais la persécution contre les musulmans s'est intensifiée au fur à mesure de sa progression. Néanmoins la mort de l'oncle du Prophète, Abû Tâlib, l'a privé de son dernier soutien contre les Qurayshi (de la tribu de Quraysh) et l'a obligé à émigrer de La Mecque en compagnie d'une partie des musulmans vers la ville de Yathreb au bout de treize ans en 622 apr. J.-C., au nord de La Mecque. Yathreb prend désormais le nom de la cité (*madinât*) du Prophète, d'où son nom actuel Médine.

Cette émigration – en arabe *hijra*, d'où « hégire » – marque si profondément l'avenir de l'islam qu'elle devient la date du début de la nouvelle religion. Muhammad devient ainsi le chef politique et militaire de Médine dont les habitants se convertissent à l'islam. La période médinoise dure dix ans.

À partir de Médine, où il mène un combat contre des opposants, il lance des attaques contre les Mecquois. En 630 apr. J.-C., il arrive à soumettre les païens de La Mecque, qui acceptent l'islam. Le Prophète entre à La Mecque sans combat et se rend à la Kaaba, construite d'après la tradition par Abraham lui-même, et détruit toutes les idoles qui s'y trouvent, un geste qui n'est pas sans rappeler celui d'Abraham lui-même. Muhammad unifie ainsi la totalité de la péninsule d'Arabie. Les piliers de la nouvelle religion sont les suivants : croire en un Dieu unique et en son prophète, faire la prière rituelle (*salât*), l'aumône (*zakât*) et le jeûne pendant le mois de Ramadan, et effectuer le pèlerinage à La Mecque (*hadj*).

En 632 apr. J.-C., Muhammad meurt, sans laisser d'enfant mâle, ni de testament quant à sa succession. Une rivalité se déclare pour sa succession et le clan des musulmans ayant émigré de La Mecque finit par imposer Abu Bakr, le beau-père du Prophète au détriment d'Ali. Abu Bakr n'appartient pas au clan du Prophète, contrairement à Ali, le cousin et gendre de Muhammad que les partisans considèrent comme son seul successeur légitime. Ali finit par accepter la nomination d'Abu Bakr (qui a régné de 632 à 634 apr. J.-C.). Avant de mourir, ce dernier désigne Umar (de 634 à 644 apr. J.-C.) comme son successeur et ainsi Ali est écarté une nouvelle fois. Umar réunit un conseil de six hommes pour décider de sa succession qui opte en faveur d'Uthman (de 644 à 656 apr. J.-C.). Ce dernier appartient au clan de Banû Ummaya (Omeyades) de La Mecque. Son règne a été marqué par un népotisme scandaleux entraînant son assassinat par la population et son remplacement par Ali (de 656 à 661 apr. J.-C.).

Le califat d'Ali a été largement occupé par une guerre civile l'opposant à Mu'âwiya, le chef de la tribu des Banû Ummaya, parent proche de Uthman et gouverneur de Damas. La bataille principale est celle de Siffin qui se déroule en 655 apr. J.-C. Ali était sur le point de la gagner ; c'est alors que Mu'âwiya a eu recours à une ruse en ordonnant à ses hommes de brandir des feuillets du Coran au bout de leurs lances ; les soldats d'Ali cessèrent le combat. Les deux partis ont alors accepté l'arbitrage de deux représentants mais à la suite d'une trahison, Ali a été destitué et Mu'âwiya proclamé vainqueur. Ceux qui ont opté pour l'élection du calife par la communauté (à la seule condition qu'il soit Qurayshi) ont formé progressivement le sunnisme. Le sunnisme dérive du mot *sunna* signifiant « tradition », autrement dit ce qui a été transmis concernant la conduite du Prophète. Les partisans d'Ali ont formé la branche du chiisme (le terme chiisme vient de *shî'a* se traduisant par « le parti », sous-entendu, celui d'Ali). Pour eux, la succession du Prophète revenait uniquement à ses propres descendants appelés imams. Le troisième groupe était constitué par les partisans d'Ali ayant refusé de reconnaître le recours à l'arbitrage et qui, pour cette raison, sont devenus des dissidents. On les a donc appelés les *khârajites* (« sortants »). Ali est mort assassiné en 661 apr. J.-C. de la main d'un *khârajite*. Son fils, Husayn, est massacré plus tard à Karbalâ en 680 apr. J.-C. par les forces de Yazid, le fils de Mu'âwiya. À partir de ce moment, les descendants d'Ali ont définitivement renoncé à reprendre le pouvoir par les armes et se sont constitués uniquement en un pôle de guidance spirituelle pour les chiites. Ainsi le pouvoir politique passe de Hasan, le deuxième imam des chiites, aux Omeyades en 680 apr. J.-C. Les Omeyades ont régné jusqu'en 750 apr. J.-C. avant d'être balayés par les Abbassides dont le règne marque l'âge d'or de l'islam en matière d'arts et de sciences, et le déplacement de la capitale de Damas à Bagdad.

Les sunnites comme les chiites sont dotés d'un clergé religieux, cependant à la différence des chiites qui possèdent un clergé centralisé, ils ont un clergé dont le mode de fonctionnement est plus diversifié et multiforme, à l'instar des protestants dans le christianisme.

Les branches et le développement

La question centrale initiale était de savoir qui était le chef de la communauté musulmane. Pour les khawarij et les sunnites, la source du pouvoir est la communauté elle-même qui concède le pouvoir à son représentant le plus digne. En revanche, pour les chiites, la source du pouvoir réside en Dieu qui l'a donné au successeur du Prophète, à savoir l'imam, de surcroît infaillible. Ces derniers soutiennent que l'imamat est passé de Husayn, le fils d'Ali, à sa descendance. Le chiisme se divise en deux courants : les septimaniens croyant en une révélation arrêtée au septième imam et les « duodécimains » (les *ithna'ashariyya*) dont la croyance comporte douze imams. D'après la croyance chiite, le douzième imam (Mahdi) serait caché depuis 260 de l'hégire (941 de notre ère) et son retour marquerait la fin du monde suivie du jugement dernier.

De multiples écoles de pensée vont naître afin de résoudre les divergences nées de la source de l'autorité en islam. Un premier groupe appelé les *murji'a* ou les sceptiques (le terme de *murji'a* signifie « attendre ») adopte une position de neutralité vis-à-vis des groupes en conflit qui privilégient la foi par rapport aux actes.

Les Abbassides, en favorisant la traduction des œuvres des philosophes grecs en arabe, ont créé les conditions nécessaires pour la création d'une théologie rationaliste appelée *kalâm*. Cela a donné naissance à l'école de *Mu'tazila* ou les rationalistes au VIIIᵉ siècle.

Les rationalistes vont débattre essentiellement de deux questions. La première concerne la nature du Coran : s'agit-il de la Parole créée ou incréée par

Dieu ? Car accepter que le Coran soit la Parole incréée et éternelle de Dieu donne la priorité au christianisme – par rapport à l'islam – compte tenu du fait que le Christ en personne est le Verbe incarné de Dieu et donc incréé. Les rationalistes ont apporté des preuves que l'islam n'est pas une branche du christianisme, mais une religion indépendante en démontrant la nature créée et par conséquent non éternelle du Coran. Les discussions sur cette nature ont donné lieu à des polémiques si intenses que le calife abbasside Al-Mutawakkil a ordonné l'interdiction de toute discussion la concernant. L'exagération du courant rationaliste a fini par réprimer la foi au profit de la raison, entraînant de ce fait l'apparition d'une école de pensée diamétralement opposée aux rationalistes, des traditionalistes appelés les *muhaddissin*. Pour ces derniers, la révélation étant supérieure à la raison, les premiers musulmans n'ont pas eu besoin de la raison pour accepter la parole du Prophète. Cette tension entre ces deux écoles a donné naissance à une troisième, celle des *ash'ari,* ou les conciliateurs, afin de créer un équilibre entre les deux extrêmes. Elle a donc fait une distinction entre la Parole éternelle divine en tant que Vérité et les modes et supports d'expression de cette Parole, contingents et conventionnels : les mots et les lettres. Le Coran est donc à la fois éternel et contingent.

. Cette approche ouvre la voie à la deuxième question, à savoir la différence entre les attributs divins et l'essence divine. Alors que les rationalistes ne les différencient pas, les traditionalistes par une lecture entièrement littérale de certaines parties du Coran concluent à une nette séparation des deux.

Les *ash'ari,* pour résoudre cette divergence, admettent la distinction entre l'essence divine et les attributs divins, tout en complétant leur thèse par l'impossibilité pour l'être humain de connaître les attributs divins fondamentalement différents de ceux de l'homme. La position des *ash'ari* a fini par triompher dans l'islam sunnite. Les *mu'tazila* qui avaient les faveurs des califes abbassides ont été considérés en fin de compte comme un mouvement hérétique. Cela n'a pas épargné – tout naturellement – les *falasifa* ou philosophes, la plupart d'origine iranienne tels qu'Al-Farabi, Ibn-Sina (Avicenne) ou

Khwajah Nasîr ad-Dîn Tûsî. Ghazali, un *ash'ari* convaincu, a combattu férocement les mouvements philosophiques de l'islam, qui ont fini par disparaître du champ d'étude religieux islamique.

L'eschatologie

Le mouvement eschatologique le plus important développé dans l'islam est sans doute l'école de shaykhisme. Elle est également considérée comme l'une des écoles philosophique et spirituelle les plus importantes de l'islam chiite duodécimain. Le fondateur de cette école – centrée sur le messianisme et l'eschatologie chiite – était un certain Shaykh Ahmad Ahsa'i, chiite originaire de Bahrayn, né au début du XVIIIᵉ siècle. Selon cette école, le retour du douzième imam serait proche et le cycle de grande occultation prendrait ainsi fin. Le shaykhisme a eu un succès incroyable en Iran et en Irak actuel. Il s'appuyait sur un corpus impressionnant de versets coraniques et de hadiths concernant le Promis de l'Islam et la date de sa venue :

VII, 34 : « Pour chaque communauté, il y a un terme. Quand leur terme vient, ils ne peuvent le retarder d'une heure et ils ne peuvent le hâter non plus. »

VII, 35 : « Ô enfants d'Adam ! D'ailleurs viendront des Messagers parmi vous pour vous exposer Mes signes, alors ceux qui acquièrent la piété et se réforment n'auront aucune crainte et ne seront point affligés. »

VII, 36 : « Et ceux qui traitent de mensonges Nos signes et s'en écartent avec orgueil sont les gens du Feu et ils y demeureront éternellement. »

XXXII, 5 : « Du ciel à la terre, Il administre l'affaire, laquelle ensuite monte vers Lui, un jour équivalant à mille ans de votre calcul. »

À la mort de Shaykh Ahmad Ahsa'i, son plus éminent élève, Siyyid Kázim Rashti (1798-1844 de l'ère chrétienne) lui a succédé. Ce dernier, avant sa mort en 1844, n'a désigné aucun successeur et a mis pratiquement fin à l'existence de son école en prophétisant que le Promis serait déjà dans ce monde et que de ce fait, l'enseignement du shaykhisme, dont le but était de préparer la population à l'avènement du Promis, n'a plus de sens. Il aurait alors enjoint à ses élèves d'aller à la recherche du Promis.

Les préjugés contre l'islam

Les préjugés contre l'islam sont essentiellement ceux que nous allons les citer par ordre d'importance en répondant à chacun de manière aussi concise que possible.

Le premier préjugé contre l'islam est qu'il s'agit d'une religion de violence et qui s'est développée par le pouvoir de l'épée et des conquêtes guerrières. Le deuxième préjugé est que la civilisation islamique serait tout simplement la résultante de la mise en commun d'un certain nombre de grandes civilisations préexistantes (Iran, Égypte, Mésopotamie, etc.) et la priver ainsi d'une fonction importante, celle de créer une nouvelle civilisation à l'échelle planétaire.

La réponse à ces deux objections requiert un minimum de connaissance historique et d'honnêteté intellectuelle.

En ce qui concerne la première objection, il est vrai que la rencontre du Prophète et des tribus arabes s'est déroulée dans des situations de conflit armé, mais il ne faut pas oublier l'extrême caractère belliqueux des tribus arabes préislamiques, que le Coran même qualifie de *jaheliyyat* (ignorance).

La plupart des ennemis de l'islam évoquent la non-violence du Christ (qui ordonne à Pierre de remettre son « épée à sa place ») pour dénigrer l'attitude du prophète Muhammad comme le partisan de la violence. Il s'agit donc de bien connaître la société préislamique d'Arabie, dont l'extrême violence ne peut se comparer à une société juive éduquée par une multitude de prophètes et de surcroît lieu de passage des plus grands penseurs de leur temps. Par ailleurs, la domination de Rome permet une certaine liberté religieuse, ce qui protégera pendant longtemps le Christ contre ses détracteurs juifs. En outre, lorsque le Christ demande à Pierre de « remettre son épée », il refuse, en effet, que le sang soit versé pour sa propre protection, alors que durant le ministère du prophète Muhammad, ce dernier avait la charge de protéger sa communauté, des femmes et des enfants,

et ce, en tant que chef de communauté tribale.
Les guerres du Prophète par conséquent étaient
de nature défensive.

Si le Christ avait été dans la même situation
Socio-culturelle, il aurait sûrement adopté la même
attitude et aurait tout fait pour défendre une communauté placée sous sa protection. Cette compa-
raison n'est donc pas logique. En dernier lieu, il
est vrai que les conquêtes de l'islam ont été faites
par l'épée, mais derrière cette épée, il y avait une
force spirituelle. Si seule l'épée avait été le facteur
de la conquête, comment se fait-il que l'islam ait
su résister à des envahisseurs non musulmans ? À
titre d'exemple, les envahisseurs mongols, ont
conquis la presque totalité de l'Empire islamique
et ont rasé ses villes les plus prestigieuses. Hulagu
Khan, le petit fils de Gengis khan, a même tué le
dernier calife abbasside – al-Musta'sim bi-llàh –
et a mis fin à ce califat en 1258 apr. J.C. En appa-
rence, tout était prêt pour que l'islam disparaisse.
Cependant, non seulement les Mongols n'ont pas
réussi à imposer leur religion, mais en plus ils ont
été conquis – spirituellement – par l'islam, de
telle sorte que le propre fils de Hullaku Khan et

le troisième roi des Ilkhans de l'Iran, Ahmad Teküder, s'est converti à l'islam.

En ce qui concerne le second préjugé, si la simple connexion des civilisations préexistantes permet l'émergence d'une nouvelle civilisation, alors le cas de l'Union soviétique serait un très bon contre-exemple. L'Union soviétique possédait une idéologie longuement élaborée (marxiste) avec l'adhésion d'une grande partie de ses partisans à travers le monde, l'une des plus fortes armée du monde, des richesses incalculables et un territoire plus vaste que l'Empire islamique et regroupant autant d'anciennes civilisations. Cependant, malgré tous les efforts possibles, l'Union soviétique n'a non seulement pas donné naissance à une nouvelle civilisation, mais elle s'est écroulée au bout de soixante-dix ans d'existence comme un château de cartes.

Il existe donc des raisons d'ordre immatériel (spirituel) à la naissance des civilisations et la civilisation islamique en est l'un des meilleurs exemples.

La foi bábie et la foi bahá'íe

Les racines historiques

Dans la foulée des attentes messianiques et eschatologiques du XIXᵉ siècle, l'école de Shaykhisme situé à Karbila en Irak actuel, prend fin avec le décès de son maître, Siyyid Kázim Rashti en 1844. Ce dernier ayant annoncé avant sa mort, la présence du Messie dans ce monde, ce qui rend désormais inutile l'étude et inaugure la période de la recherche messianique.

Le plus éminent de ses élèves, Mulla Husayn-i-Bushru'i prend donc la route, à la recherche du Promis. Le hasard dirige ses pas vers la ville de Shiraz en Iran où il rencontre un jeune marchand âgé de 25 ans, appelé Siyyid Ali-Muhammad. Ce dernier, lui déclare, au cours de cette rencontre, être le Promis tant attendu. Le visiteur érudit, subjugué par la beauté de la révélation écrite par son hôte, voit se réaliser en ce dernier, tous les signes annoncés dans le corpus sacré de l'islam et enseignés par l'école de Shaykhisme et accepte la revendication messianique de son interlocuteur qui prend le titre du Báb (la porte en arabe). Ce soir-là, le 23 mai 1844, la foi bábie vient ainsi de naître. Ce titre, le Báb, signifiait que ce dernier se considérait comme la porte conduisant à un personnage plus grand que lui, le Promis de toutes les religions, ce que le Báb désignait par le terme de « Celui que Dieu rendra manifeste » signifiant par là, son apparition imminente.

Dix-huit personnes, reconnaissent le rang du Báb et adhèrent à la nouvelle religion et avec le Báb lui-même forment les 19 « lettres du Vivant » (*Hurufe Hayye*) sensé revivifier le monde. Parmi ce premier cercle, chose inouïe dans l'histoire des religions, la présence d'une femme : Tahirih, dotée d'une grande érudition et reconnue aujourd'hui, comme la plus grande poétesse du Moyen-Orient dont les vers sont chantés du Pakistan à l'Égypte.

Dans une épitre le Báb leur tient un discours semblable à celui du Christ sur le mont des Oliviers aux apôtres. Il leur dit ceci : « O mes amis bien aimés ! Vous portez en ce jour le nom du Seigneur. [...] Il appartient à chacun de vous de manifester les attributs de Dieu et de démontrer par vos actes et par vos paroles les signes de Sa justice, de Sa puissance et de Sa gloire. [...] Efforcez-vous de démontrer par vos actes la vérité de ces paroles de Dieu [...]. Les jours où l'adoration passive était jugée suffisante sont révolus [...]. »

Aussitôt après cela, il se rend, en compagnie de l'un de ses disciples à la Mecque où il déclare son rang et sa mission au Sherif de ce lieu saint. Sur la route du retour, il est arrêté et assigné à résidence par le gouverneur de sa province natale. Désormais, il est transféré de prison en prison, de plus en plus loin, de plus en plus isolé, afin de l'éloigner chaque fois davantage du centre de l'Iran où son message comme une traînée de poudre a enflammé tout le pays. Plus de 100 000 personnes en moins de 3 ans correspondant à environ 2 % de la population totale de l'Iran, avait accepté son message et adhéré à la nouvelle religion, parmi qui on compte, chose inouïe, environ 400 prêtres de la religion musulmane.

Aussitôt commence une féroce persécution, et des milliers de ses adeptes, connus sous le nom de bábis, sont passés par le fil de l'épée afin de décourager de nouvelles conversions. Mais devant leur incapacité à endiguer le flot des vagues incessant de ces nouvelles adhésions par le biais de la persécution et de la terreur, l'État et le clergé décident de décapiter la foi bábie et exécutent le Báb, le 9 juillet 1850 dans la ville de Tabriz au nord-ouest de l'Iran, mais ceci reste sans effet sur l'ardeur des bábis.

L'Iran devient alors le théâtre d'un gigantesque pogrom d'une cruauté sans pareille dans les annales de l'histoire de l'humanité. Sur la place publique, les bábis sont massacrés, lynchés, égorgés, torturés, brûlés vif, démembrés, tirés au canon, etc.

Une des personnes visée par cette persécution est Mirza-Hussayn-Ali Nùri, le fils d'un ministre de la Cour royale d'Iran. Il avait accepté le message du Báb aussitôt qu'il en avait pris connaissance en faisant l'observation suivante : « Quiconque connait le Coran ne peut ne pas reconnaitre que ces versets viennent de la même source » et a pris plus tard le titre de Bahá'u'lláh (la gloire de Dieu) et est devenu l'un de ses plus ardents défenseurs au grand désespoir de l'État iranien. Il a été emprisonné sous de faux prétextes – bien que sa totale innocence a été reconnue par le gouvernement – dans la prison la plus effroyable de l'Iran appelé Siah-Chahl (le trou noir). C'est dans cette prison morbide, Siah-Chahl, que Bahá'u'lláh reçoit la révélation divine selon ses écrits ultérieurs, il le décrit de manière métaphorique à l'instar de ses présélecteurs : « Une nuit, nous entendîmes une voix venant de tous côtés, disant : Nous te rendrons victorieux par toi-même et par ta plume ». Cet emprisonnement a été suivi immédiatement d'un exil perpétuel en dehors de l'Iran, dans l'empire Ottoman, qui allait durer jusqu'à la fin de sa vie, durant 40 ans, non sans rappeler les 40 ans de la traversée du désert du peuple juif sous la conduite de Moïse et les 40 jours du séjour du Christ dans le désert.

Il a été d'abord exilé à Bagdad pendant 12 ans, durant lesquels il n'a cessé de consolider et de réorganiser la communauté bábie d'Iran. En raison de son influence grandissante, le gouvernement iranien a demandé à celui d'ottoman de l'éloigner encore davantage de l'Iran. Avant ce nouvel exil,

Bahá'u'lláh a déclaré à ses adeptes, réunis dans un jardin en dehors de Bagdad appelé Ridvân, qu'il était celui dont le Báb avait promis la venue : « Celui que Dieu rendra manifeste ». Selon les écrits bahá'ís, la revendication messianique de Bahá'u'lláh est la suivante : « Pour Israël, il fut ni plus ni moins que l'incarnation du "Père éternel", "Le Seigneur des armées" [...] pour la chrétienté, le Christ revenu "dans la gloire du Père"; pour l'islám shí'ih, le retour de "l'imám Husayn" ; pour l'islám sunní, la descente de "l'Esprit de Dieu" (Jésus-Christ) ; pour les zoroastriens, le "Sháh-Bahrám promis" ; pour les hindous, la "réincarnation de Krishna" ; pour les bouddhistes, le "cinquième Bouddha" (Shoghi Effendi, *Dieu passe près de nous,* Chapitre 6, p. 91)... La foi bahá'íe venait de naître, à laquelle la presque totalité des adeptes de la foi bábie ont adhéré sans hésitation.

Bahá'u'lláh symbolise, en sa personne, la jonction des deux mouvements religieux, indo-européen (zoroastrisme, hindouisme et bouddhisme) et sémite (la religion abrahamique, judaïsme, christianisme et islam), qui s'étaient partagés la spiritualisation d'une grande partie de l'humanité.

Bahá'u'lláh a été exilé de plus en plus loin de l'Iran en Constantinople, en Andrinople et pour finir à Akka en Palestine, dans la plus grande prison de cette ville. C'est dans cette terrible prison, la plus sévère de tout l'Empire ottoman, que Bahá'u'lláh perd son plus jeune fils, à l'instar du sacrifice d'Abraham. Dans les dernières années de sa vie, il connaît une relative liberté et peut s'installer dans un manoir près d'Akka où il meurt en 1892 en Palestine.

Le concept de Manifestation de Dieu

Un des concepts centraux de la foi bahá'íe est celui de la Manifestation de Dieu. Dieu étant inconnaissable par essence, il se révèle à l'humanité à travers des messagers divins ou prophètes, que dans la foi bahá'íe on désigne par le terme de Manifestations de Dieu. Cela signifie que les attributs divins étant aussi impossibles à connaitre que l'essence divine, la seule voie pour l'être humain pour connaitre la volonté divine est celle qui lui est transmise par ses manifestations d'âge en âge.

La relation qui unit ces êtres humains à Dieu est aussi impossible à connaitre pour les humains que l'essence divine elle-même, d'où l'utilisation des métaphores tels que le buisson ardent. Rumi, le grand poète mais également savant et mystique musulman iranien du XIIIᵉ siècle résume ainsi cette expérience unique dont seuls les prophètes sont objets et l'impossibilité de sa description par ces derniers, autrement que par des métaphores :

« Je briserai la parole, le mot et même le son,
Pour que je puisse entrer en communion avec toi,
C'est alors que je te révélerai le secret caché
depuis toujours, même d'Adam,
O toi, le mystère de la création ».
(Rumi, *Divane-shams-Tabrizi*).

Il s'agit d'un monde, celui des manifestations de Dieu, entre le monde divin et celui humain, rappelant les trois corps de Bouddha.

Bien que ces êtres exceptionnels dépassent le commun des mortels, même à eux la connaissance divine n'est pas accessible.

Bahá'u'lláh dans une tablette adressée – du fond de sa cellule à Akka – au roi d'Iran d'alors, Nasir-i-din Shah, rappelle cela : « Ô roi ! Je n'étais qu'un homme comme les autres, endormi sur ma couche, lorsque les brises du Très-Glorieux soufflèrent sur moi et me donnèrent la connaissance de tout ce qui fut. Ceci n'est pas de moi mais de celui qui est tout-puissant et omniscient. » ! Ceci rappelle étrangement ce verset coranique : « Dis : "Je ne suis qu'un homme comme vous. […] » (Le Coran, XLI, 6) ou cette parole du Christ lui-même : « Un notable l'interrogeant en disant : « Bon maitre, que me faut-il faire pour avoir en héritage la vie éternelle ? Jésus lui dit : « Pourquoi m'appelles-tu bon ? Nul n'est bon que Dieu seul » (Luc, XVIII, 18-19).

Cette distance impossible à franchir – même pour la Manifestation divine – est rappelée de manière symbolique dans la rencontre de Moïse avec le Buisson ardent : « Dieu dit : N'approche pas d'ici, ôte tes souliers de tes pieds, car le lieu sur lequel tu te tiens est une terre sainte. » (Exode, III, 5).

Développement : alliance et l'ordre administratif

Bien que la foi bahá'íe constitue la plus jeune des grandes religions (l'an 165 de l'ère bahá'íe), elle s'est néanmoins imposée par trois aspects importants : son extension à l'échelle planétaire malgré le petit nombre de ses adeptes (5 millions d'adeptes répartis dans 2100 groupes ethniques de par le monde à travers 190 pays et 46 territoires), en faisant la seconde religion la plus dispersée de l'humanité, autrement dit, il s'agit d'une religion mondialisée au sens propre du terme. Cependant, et ceci constitue sa seconde originalité, cette mondialisation ne s'est pas faite à partir d'un noyau homogène mais provenant d'une très grande diversité humaine, autrement dit cette mondialisation s'est accompagnée de manière parallèle d'un universalisme. La troisième originalité de la foi bahá'íe, est que malgré cette mondialisation et l'universalisme à l'extrême, et malgré les attaques schismatiques des plus féroces, elle est restée entièrement et intégralement unie et ceci grâce à l'alliance – et son corollaire naturel – l'ordre administratif de Bahá'u'lláh. Il n'existe désormais qu'une seule foi bahá'íe, unie et indivisible.

Avant sa mort, Bahá'u'lláh, a désigné dans son testament écrit, son fils aîné, Abd'ul-Bahá, en tant que son successeur, le centre de son *alliance* et l'unique interprète autorisé de ses écrits. Cela a pris, depuis lors, le nom d'*alliance* pour les bahá'ís.

Abd'ul-Bahá qui avait accompagné son père dans tous ses exils et ses emprisonnements, depuis l'âge de neuf ans, a continué son sort après la mort de ce dernier. Il n'a été libéré de prison qu'à l'âge de soixante-cinq ans en 1909, à la suite de la révolution des « jeunes officiers turcs » renversant l'Empire ottoman. Il a entrepris aussitôt des voyages en Europe et en Amérique du Nord afin de faire connaître les enseignements de la foi bahá'íe. Il est mort en 1921. Il a désigné, à son tour, avant sa mort, par un testament écrit également, son petit fils aîné, Shoghi Effendi comme le Gardien de la foi bahá'íe. Ce dernier a accompli l'œuvre d'Abd'ul-Bahá en mettant en place ce que les bahá'ís appellent l' « ordre administratif bahá'í » dont les grandes lignes ont été décrites par Bahá'u'lláh lui-même. En effet, la foi bahá'íe est une religion complètement dépourvue de clergé. C'est la communauté bahá'íe elle-même qui désigne ses représentants par l'élection des assemblées spirituelles locales et nationales. L'évolution de l'ordre administratif bahá'í a abouti à l'élection de La Maison universelle de justice, l'instance suprême mondiale qui préside aux destinées de la foi bahá'íe depuis 1963 dont le siège se trouve sur le Mont Carmel.

L'élection des membres des institutions bahá'íes se déroule en absence de toute propagande de candidature et encore moins de campagne, chaque membre adulte de la communauté étant à la fois électeur et éligible. Les élections bahá'íes sont entièrement secrètes et anonymes.

Les Écrits saints bahá'ís

Le corpus des écrits saints de la foi bahá'íe est un océan, portant sur tous les sujets possibles et imaginables : la connaissance divine et celle de ses Manifestations, les concepts fondateurs de la foi bahá'íe, ordre administratif, la vie sociale de l'humanité d'aujourd'hui, etc. La richesse de ces écrits est en rapport direct avec les défis majeurs de l'humanité à l'heure actuelle. Bahá'u'lláh s'est même adressé aux rois et souverains de son époque leur proposant des solutions concrètes pour la résolution des problèmes du monde. Entre autres, celle de la constitution d'une assemblée mondiale réunissant tous les dirigeants du monde pour des mesures à l'échelle planétaire. Une telle proposition qui paraissait utopiste au XIXᵉ siècle, a pris naissance – dans sa forme incomplète – dans la formation des Nations Unies en 1945.

Le corpus saint bahá'í comprend des livres, lettres, épitres et tablettes et se compose d'une centaine de volumes. Le livre le plus fondamental de Bahá'u'lláh a pour titre *Le livre le plus saint*.

Les enseignements

Les enseignements de Bahá'u'lláh peuvent être résumé dans le mot d'*unité* qui est un leitmotiv présent dans les écrits bahá'ís. Cette unité se décline à l'infini dans toutes les affaires humaines dépassant -enfin- les dysharmonies de l'histoire ayant transformé la société humaine en une entité schizophrène. Bahá'u'lláh écrit à ce propos : « Le bien-être de l'humanité, sa paix et sa sécurité ne peuvent être atteintes, tant que son unité n'est pas entièrement établie » (Extraits des écrits de Bahá'u'lláh).

Toujours dans cette même optique, il pousse à l'infini la notion du prochain : « […] Voici, ô mes bien-aimés, que vient d'être établie le tabernacle de l'union ; ne vous regardez donc plus comme des étrangers. Vous êtes les fruits d'un seul arbre et les feuilles d'une seule branche. » (Tablettes de Bahá'u'lláh). Dans une autre citation – d'une simplicité déconcertante mais d'une omniprésente actualité – il dit : « La terre n'est qu'un seul pays et tous les hommes en sont les citoyens » (Extraits des écrits de Bahá'u'lláh).

Aucune dissention n'est permise, la religion ne devrait plus être une cause de conflit entre les peuples : « Ô vous, bien-aimés du Seigneur ! En cette dispensation sacrée, les conflits et les discordes sont rigoureusement interdits. » (Le testament d'Abd'ul-Bahá) et dans ce même ordre d'idée, la guerre sainte, sous toutes ses formes a été strictement abolie : « la loi de la guerre sainte a été rayée du Livre » (Bahá'u'lláh, Le Kitab-i-Aqdas)

Bahá'u'lláh annonce également un certain nombre de principes, d'ordre conceptuels et d'autres d'ordre pratique : l'unicité de Dieu et de ses prophètes, l'unité de l'humanité, égalité des droits de l'homme et de la femme, la recherche individuelle et indépendante de la vérité, l'harmonie entre la science et la religion, l'abandon des préjugés et des superstitions, l'éducation universelle, un tribunal international et la Paix universelle.

L'eschatologie

La foi bahá'ie considère selon son principe fondamental, appelé *révélation progressive,* que la porte de la connaissance divine restera ouverte à jamais et tant que l'humanité existe, Dieu lui enverra des messagers pour le guider. Il ne peut exister donc une dernière religion dans le sens traditionnel du terme mais une religion sans cesse renouvellée.

Les préjugés contre la foi bahá'íe

L'un des préjugés contre la foi bahá'íe est le fait d'être considérée comme une religion utopiste compte tenu de ses principes avant-gardistes. Il est vrai que des mesures proposées par Bahá'u'lláh paraissaient incroyablement révolutionnaires pour son époque et son milieu. Cependant, depuis lors, chaque jour, l'humanité ne cesse d'avancer vers les principes annoncés par ce dernier. A titre d'exemple, celui de l'égalité des droits de l'homme et de la femme a trouvé sa réalisation en 1946 en France et s'est imposé comme un principe de justice et d'équité dans la plupart des pays du monde.

L'idée de la constitution d'un Etat mondial, bien qu'encore très éloignée, se rapproche chaque jour davantage, par la réalisation de l'Organisation des Nations Unies d'une part et la constitution des grands blocs tels que l'union européenne d'autre part.

En résumé, le rapprochement progressif de l'humanité vers les idéaux de la foi bahá'íe démontre leur caractère nécessaires et réalisables.

Conclusion

Dans notre introduction, nous avons mentionné qu'il y avait dans ce « petit » livre, un certain nombre d'idées directrices et fortes, censées présider à sa diversité apparente d'une part et l'empêchant de se transformer en un livre « catalogue » dénué de sens d'autre part. Nous allons à présent apporter notre point de vue et énoncer ces fameuses idées en question. Cependant, l'auteur d'un ouvrage ne détient pas le monopole du sens de son œuvre et l'avis des lecteurs vaut tout autant que le sien.

Comme vous avez pu le constater, lors de la présentation de chaque chapitre, nous ne nous sommes pas contentés des écrits de la religion traitée mais y avons inséré – au risque de désorienter le lecteur – des citations d'autres religions. Il ne s'agit nullement d'un effet de style, mais cela permet de montrer leur parfaite équivalence, ce qui représente l'unité essentielle de toutes les religions dans leur diversité culturelle. Le monothéisme apparent dans toutes les religions ne se résume pas à l'adoration d'un Dieu unique. Le fait que le nom de Dieu varie dans différents langages : Yahvé, Allah, Ahura Mazda, Ishwara, Khoda, Deva, etc. ne signifie que la même entité divine, le même phénomène universel, se trouve caché derrière les noms : « Dis : "Invoquez Allah, ou invoquez le Tout Miséricordieux, quel que soit le nom par lequel vous l'appelez [...]" » (Coran, XVII,110).

Une fois une vérité si simple – mais si fonda-mentale – annoncée, on entre dans une nouvelle phase de monothéisme et de la compréhension même de la religion, car désormais on doit admet-tre que ce Dieu unique ne peut avoir révélé qu'une seule et même religion dont toutes les religions étudiées (et bien d'autres) n'en sont que les différentes facettes.

Dès lors, trois concepts deviennent évidents. Le premier est l'unicité de Dieu, des religions et celle des prophètes.

Le second, consécutif au premier, est tout natu-rellement le fait qu'il ne puisse exister qu'un seul Messie, un seul Promis pour toutes les religions, derrière la diversité des noms (Saoshyant, Messie de Gloire, le Christ, Maitreya, etc.) : échapper encore une fois à l'illusion des formes langagières.

Le troisième est que si tous les prophètes pro-
cèdent de la même source, leurs preuves sont également identiques : la parole et l'intégrité de leur
vie, pour en finir avec le surnaturel une fois pour
toutes : « Nous te rendrons victorieux par toi-même
et par ta plume » (Bahá'u'alláh – Tablette adressée
au roi d'Iran).

Ce qui nous amène à s'interroger sur le sens
même de la religion. La religion ne devrait pas
être considérée comme une finalité en soi mais
un moyen, car si elle devient une finalité, même la
plus « respectable » des finalités, tôt ou tard, sur son
autel, des hommes seront sacrifiés. C'est pourquoi,
dans notre introduction, nous avons montré de la
réserve quant au caractère sacré de la religion en
tant que sa caractéristique fondamentale.

Si la religion est sacrée, ce caractère sacré a
une finalité : éduquer l'être humain et l'amener à
être meilleur, sans cela le caractère sacré de la
religion tourne sur lui-même. Le but du sacré de
la religion est donc l'homme. C'est dans ce sens
que nous comprenons cette parole du Christ : « Le
sabbat est fait pour l'homme et non pas l'homme

pour le sabbat » et Bahá'u'alláh semble lui répondre dans un écho de dix-neuf siècles : « L'homme est le talisman suprême ». C'est pour réaliser ce principe sacré que les fondateurs des religions ont accepté tant de souffrances : la Passion du Christ, les souffrances du prophète Muhammad, la vie errante de Moïse et du Bouddha, les luttes de Krishna, l'exil de Zoroastre et de Bahá'u'alláh et le martyre du Báb.

Il en résulte que le but primordial de toutes les manifestations de Dieu est l'établissement d'un « royaume de Dieu ». Ceci pourrait être compris dans deux sens ; l'acceptation de la Manifestation de Dieu de son temps suivie de la mise en pratique de ses préceptes et dans le sens eschatologique, une évolution continue dans le temps, le progrès spirituel de l'humanité à travers les messagers divins ; autrement dit la *révélation progressive*.

Les différences observées - entre les différentes religions - sont donc tout simplement dues au fait que chaque religion a été révélée dans un temps donné, à un endroit particulier et à un peuple particulier. Le fondateur a donc dû adapter son message aux conditions contingentes de son milieu, au risque de ne pas être compris : « Chaque expression passée de la religion s'est trouvée en harmonie avec l'orientation intellectuelle de l'époque et du lieu où elle a été formulée. Mais l'essence sousjacente de la religion est sans aucun doute aussi constante que l'essence de la nature humaine ellemême » (Arnold Toynbee, *La Grande Aventure de l'humanité*, p. 13). Ainsi – revenant à notre introduction – nos deux « impossibilités » (la religion et l'homme) finissent par se rencontrer : constantes dans leur essence mais changeantes dans leur contingence. L'homme du XXIᵉ siècle est certes le même que celui de l'antiquité, mais il n'évolue plus dans le même environnement et donc n'a plus les mêmes besoins, d'où la nécessité d'un nouveau cadre : « Ne versez pas le vin nouveau dans les anciennes outres de peur que l'outre se déchire et le vin se répande [...] » (Mathieu, IX, 17).

En intégrant la notion du « royaume de Dieu » dans celle de la *révélation progressive*, on aboutit à la compréhension du terme *eschatos* (fin des temps) qui ne serait que la révélation d'une foi universelle pour toute l'humanité.

Tout au long de ce livre, nous avons abordé le sens de l'histoire en une forme de lutte entre l'esprit et la matière. Enfin du compte, la matière n'est que l'ego de la personne, exprimé par la notion de Satan, diable, etc. Le combat du Bien contre le Mal, symbolisé à travers l'histoire de l'humanité n'est en fait que l'expression de la lutte entre l'intérêt personnel (le salut individuel) et le salut collectif (royaume de Dieu).

C'est dans ce contexte que la notion du prochain prend toute son importance dans le sens universel du terme. Il nous faut donc étendre la catégorie de notre « prochain » à l'infini, y incluant les hommes et les femmes de toutes races, cultures, couches sociales et surtout de toutes les religions et croyances, et dans la catégorie croyances, nous incluons notre prochain non-religieux et/ou laïque voire athée, car la *liberté* d'appartenance ou non à une communauté religieuse est un fondement de la dignité humaine : « Nulle contrainte en religion » (II, 256).

Mais cette extension en soi ne suffit pas si elle n'est pas porteuse d'*égalité* : il faut que la distance nous sépare d'un membre de notre communauté religieuse soit égale à celle qui nous sépare du plus extrême non-religieux ne partageant aucunement notre idéal religieux. Autrement dit, il ne faudrait pas que le membre de notre communauté soit l'objet de notre plus grande attention et l'autre juste « toléré », mais il nous faut désormais un universalisme d'amour de l'humanité. C'est dans ce nouvel universalisme que la *fraternité* universelle peut naître, une forme de transversalité. Mais toute forme de véritable transversalité n'est-elle pas l'expression de la transcendance ? Abdu'l-Bahá, dit à ce propos : « Existe-t-il une tâche plus noble dans le monde que celle de servir le bien commun ? »

Nous avons terminé notre introduction en disant que nous sommes tous engagés dans un processus de recherche (de la vérité). Ici, le mot « nous » n'est pas pris dans le sens des lecteurs de ce « petit » livre, mais pour toute l'humanité. Donc ce qui pose problème n'est pas tant la recherche elle-même – puisque l'humanité entière y est déjà – mais la vérité, autrement dit l'objet même de cette recherche. Ce processus continu de la recherche est ce qui constitue le noyau de chaque progrès, de chaque civilisation et le moteur même de l'histoire compte tenu du processus de mondialisation, rendant désormais possible la destruction finale et définitive de l'humanité à l'échelle de la biosphère (guerres atomiques, désastres environnementaux, etc.), seule la recherche d'une nouvelle spiritualité globale permettant la mise en place d'une nouvelle civilisation mondiale s'impose avec force et urgence.

Bibliographie

1. Arnold Toynbee,
   La Grande Aventure de l'humanité,
   Elsevier Sequoia, Bruxelles, 1977.

2. Mircea Eliade,
   L'histoire des religions a-t-elle un sens ?
   Correspondance 1926-1959,
   Cerf, 1994.

3. *Histoire des religions,*
   sous la direction d'Henri-Charles Puech,
   collection Folio/Essais, Gallimard, 1970.

4. R.C. Zaehner,
   L'Hindouisme,
   Desclée de Brouwer, 1974.

5. Richard Foltz,
   L'Iran, creuset des religions,
   PUL, 2007.

6. Vercors,
   Les animaux dénaturés,
   Paris : Albin Michel, 1952.

7. Mohammad Ali Amir-Moezzi et Pierre Lory,
   Petite histoire de l'Islam,
   Librio, 2007.

8. Patrick de Laubier,
   L'Eschatologie,
   Que sais-je ? PUF, 1998.

9. William Hatcher & Douglas Martin
   *La foi bahá'íe, l'émergence d'une religion
   mondiale,* MEB, Bruxelles, 1998.

10. Albert Nader, *Courants d'idées en Islam du
    sixième au vingtième siècle,* Mediaspaul,
    2003.

Vous avez aimé ce livre ?

Vous trouverez également dans la même collection :

Thématique « Langue française »
- *La Conjugaison correcte*, Jean-Joseph Julaud
- *Les Contrepèteries* (2 tomes), Joël Martin
- *La Grammaire facile*, Jean-Joseph Julaud
- *Les Gros Mots*, Gilles Guilleron
- *Le Français correct*, Jean-Joseph Julaud
- *Les Pluriels*, Patrick Burgel
- *Les Expressions grecques et latines*, Marie-Dominique Porée

Thématique « Culture générale »
- *Les Dieux et héros de la mythologie*, Colette Annequin
- *Les Dieux et pharaons*, Pascal Vernus
- *Les Grandes Dates de l'Histoire de France*, Jean-Joseph Julaud
- *Les Grands Écrivains*, Jean-Joseph Julaud
- *Les Grands Personnages de la Bible*, Éric Denimal
- *Les Présidents de la République*, Philippe Valode
- *Les Petits et Grands Personnages de l'Histoire*, Jean-Joseph Julaud
- *Les Rois de France*, Jean-Baptiste Santamaria
- *Les Symboles*, Fabrizio Vecoli
- *Présidentielles, pour qui voter ?*, Lionel Cottu
- *Petite Anthologie de la poésie française*, Jean-Joseph Julaud
- *Petite Anthologie de la poésie amoureuse*, Jean-Joseph Julaud
- *Les Grands Compositeurs*, Claire Delamarche
- *Les Grandes Femmes de l'histoire*, Catherine Valenti

Pour être informé en permanence sur notre catalogue
et les dernières nouveautés publiées dans cette collection,
consultez notre site Internet à www.efirst.com